Heike Kügler-Anger

Französisch vegetarisch

Gedruckt auf
100% Recyclingpapier

Heike Kügler-Anger

Französisch vegetarisch

Veggie cuisine à la française

pala verlag

Inhalt

Rezepte

Liebe geht durch Ohr und Magen

Inzwischen weiß ich, dass meine Französischlehrerin an allem schuld ist.

Madame (ja, wir nannten sie tatsächlich fast immer nur Madame) hatte zwar wie die meisten ihrer Eleven urdeutsche Wurzeln, doch ihre Seele war französisch. Außerdem hatte sie verblüffende Ähnlichkeit mit der Chansonsängerin Edith Piaf. So ist es nicht verwunderlich, dass es bei uns im Französisch-Leistungskurs an jedem Freitag nicht nur rein grammatikalisch, sondern äußerst musikalisch herging. Madame baute einen Plattenspieler im Klassenzimmer auf, verteilte Kopien mit dem Liedtext und dann schmetterten wir los. Was es uns dabei an Gesangskünsten mangelte, das machten wir locker mit Eifer wett. Unser Repertoire wuchs und gedieh. Noch heute muss ich mich zurückhalten, wenn vor einem Fußballländerspiel die französische Nationalhymne erklingt, nicht laut mitzusingen.

Besser als im Singen war unser Französischkurs jedoch mit Sicherheit im Kochen. Bei jedem Schulfest verwöhnten wir unsere Mitschülerinnen und Mitschüler mit frisch gebackenen Crêpes, raffiniert belegtem Baguette und anderen französischen Leckereien. Das waren meine ersten Begegnungen mit der französischen Küche.

Nach dem Abitur wollte ich das alles vor Ort erleben beziehungsweise erschmecken. Meine ersten Reisen nach Frankreich waren eine kulinarische Offenbarung: Ich probierte so viele neue Käsesorten aus, dass ich mitunter den Überblick verlor. Ich lernte die deftige Galette aus Buchweizenmehl, das herzhafte Pendant zur süßen, aus Weizenmehl gebackenen Crêpe, kennen. In der Provence strich ich mir grüne, schwarze oder rote Tapenade auf knuspriges Baguette. In der Normandie aß ich zum ersten Mal ein verführerisches Omelett aus nestfrischen Eiern von glücklichen Hühnern und hausgemachte Knoblauchcroûtons. Im Elsass biss ich in hauchdünn ausgerollten, frisch im Holzofen gebackenen Flammkuchen, dessen cremiger Belag auf der Zunge zerging. In Paris löffelte ich meine erste Mousse au chocolat. Oh, là, là, was für eine Delikatesse!

Inzwischen sind viele Jahre vergangen. Aber meine Liebe zu Frankreich und zur französischen Küche ist mir erhalten geblieben. Deshalb ist es mir eine besondere Freude, Sie, liebe Leserinnen und Leser, auf eine kulinarische Tour de France einzuladen. Schauen Sie unserem Nachbarland, das übrigens immer eine Reise wert ist, in die Kochtöpfe. Verwöhnen Sie sich und Ihre Liebsten mit Leckereien aus der französischen vegetarischen Landhausküche. Schon jetzt wünsche ich Ihnen viel Freude beim Nachkochen, gutes Gelingen und natürlich: Bon Appétit!

Ihre

Heike Kügler-Anger

Tour de France culinaire

Eine Reise durch die kulinarischen Regionen Frankreichs

Das Frankreich und *die* französische Küche gibt es nicht. Kaum ein anderes europäisches Land ist so abwechslungsreich, beherbergt solche Unterschiede von Nord nach Süd, von Ost nach West wie das Land, mit dem wir uns knapp 450 Kilometer an Landesgrenze teilen. Wer sich aufmacht, Frankreich zu erkunden, wird traumhafte Landschaften, Küstenabschnitte zum Verlieben, pulsierende Städte, historisch bedeutsame Stätten, aber auch Dörfer und Regionen kennenlernen, in denen die Zeit stehen geblieben zu sein scheint. Jede Region hat ihre ganz eigenen Besonderheiten, die sich nicht nur in der Sprache und Lebensart, sondern auch in dem, was in Töpfen und Pfannen landet, zeigen. Deshalb möchte ich Ihnen zur Einstimmung auf die zu erwartenden Gaumenfreunden einige reizvolle Gegenden und deren Spezialitäten vorstellen.

Aquitanien

Aquitanien wird oft mit der Region seines Verwaltungssitzes Bordeaux gleichgesetzt. Dabei stammt der Name dieser nicht nur geografisch sehr unterschiedlichen Region aus dem Lateinischen und bedeutet »das Land des Wassers« und nicht des Weines – obwohl unumstritten ist, dass in der Gironde, einem der fünf Departements, die das Gebiet Aquitanien ausmachen, die weltweit besten Weine angebaut werden. Insgesamt erstreckt sich das Weinbaugebiet nahe der südfranzösischen Atlantikküste über eine Gesamtrebfläche von etwa 100000 Hektar. Fast eine Milliarde Flaschen werden von mehr als 4000 Weingütern im Bordelais jährlich produziert, wovon ein Großteil für den Export bestimmt ist. Manche dieser Flaschen, deren Etiketten so klangvolle Namen wie Château Lafite Rothschild, Château Margaux oder Château Mouton Rothschild tragen, gehören zu den Eliteweinen. Die Mehrheit der unter der Appellation Bordeaux hergestellten Weine sind jedoch trockene, langlebige Rotweine mit einem guten Preis-Leistungs-Verhältnis.

Die Region, die diese gehaltvollen Weine hervorbringt, geizt ansonsten jedoch mit landschaftlichen Reizen. Platt wie eine Atlantikseezunge liegt das Bordelais da. Wer Naturschönheiten und weniger einen guten Tropfen sucht, kommt hier nur bedingt auf seine Kosten.

Fährt man jedoch nur wenige Kilometer weiter westlich, eröffnet sich einem ein ganz anderes Bild: Von der Pointe de Grave an der Mündung der Gironde bis nach Biarritz zieht sich über 230 Kilometer ein schnurgerader, mit feinem, silbrig glänzendem Sand bedeckter Badestrand entlang, der der Côte d'Argent, der Silberküste, ihren Namen gibt. Aufgelockert wird diese Küstenlandschaft durch mehrere Süßwasserseen und das von Ornithologen und Austernliebhabern gleichermaßen geschätzte Bassin von Arcachon. Am Ausgang des Bassins liegt die Düne von Pilat, die mit 114 Meter Höhe höchste Düne Europas. Südlich von Arcachon beginnt die Region der Landes, in der Dünenstreifen und Badeseen sich bis zum Baskenland fortsetzen. Das ehemalige Sumpfgebiet umfasst heute, nach den Aufforstungen ab dem 18. Jahrhundert, das größte zusammenhängende Waldgebiet Frankreichs, die Fôrets des Landes. In diesen ausgedehnten Kiefernwäldern wachsen Wildpilze jeder Art, die in der Saison zu schmackhaften Pilzgerichten verarbeitet werden. Auf den sich den Waldgebieten anschließenden Agrarböden werden Mais, Getreide, Sonnenblumen und Frühkartoffeln angebaut. Aber auch Karotten, Tomaten und Spargel sowie Kiwi, Pfirsiche und Melonen wachsen auf den etwas sandigen, aber von einem ganzjährig milden Klima verwöhnten Böden. Die Küche ist wie in allen Küstenregionen Frankreichs vom Meer geprägt. Aber auch der Spargel, den man gern mit reichlich Käse gratiniert serviert (siehe Seite 133), erfreut sich im Frühjahr großer Beliebtheit. Im Winter gibt es deftige Kohlgerichte und gehaltvolle Suppen, die über die Regentage hinwegtrösten. Die Desserts sind so, wie die Waldarbeiter sie vor gut hundert Jahren verdient hatten – süß, gehaltvoll und sättigend. Etwas schlanker kommt das köstlich erfrischende Melonen-Halbgefrorene von Seite 174 daher, das mit einem Schuss Dessertwein aus dem etwas weiter nördlich gelegenen Departement Charente verfeinert wird.

Wendet man sich wieder Richtung Westen und überquert unterhalb von Bordeaux die Garonne, so befindet man sich »Zwischen-zwei-Meeren«. In diesem vom Weinanbau geprägten Gebiet laden zahlreiche Abteien, Mühlen, mittelalterliche Städtchen und Festungsanlagen zu einem Besuch ein. Besonders umweltfreundlich lässt es sich auf dem grünen Radweg »*Voie verte Roger Lapébie*« (benannt nach der Radfahrerlegende aus den 1930er-Jahren) reisen. Auf der gut 50 Kilometer langen, asphaltierten Piste, die über lange Abschnitte von einem Blättertunnel beschattet wird, radelt man genüsslich von Bordeaux bis Sauveterre-de-Guyenne.

Der nordöstliche Teil von Aquitanien ist ein Mosaik von Eindrücken und Landschaften. Die Dordogne, die dem Departement seinen Namen gibt, windet sich in Schleifen durch steil abfallende Kalkfelsen und bizarr ausgeformte Klippen oder fließt träge durch liebliche Hügellandschaften. An die Flussufer schmiegen sich kleine Dörfer mit Häusern aus ockerfarbenem Stein, die über die Jahrhunderte wenig von ihrer Ursprünglichkeit eingebüßt haben. Auf den Klippen thronen Burgen, Schlösser und Herrensitze, und wer sich aufmacht, sie zu besichtigen, hat leicht die Qual der Wahl: Mehr als 1000 verteilen sich im ganzen Departement. Dazu kommen nochmals mehr als 200 prähistorische Höhlen und Grotten, unter ihnen die berühmte Höhle von Lascaux, in der mehr als 1500 Tierzeichnungen die Urzeit wieder aufleben lassen.

Für den amerikanischen Schriftsteller Henry Miller kam das Périgord einem kleinen Paradies gleich, wohl auch wegen seiner abwechslungsreichen und kulinarisch üppigen Küche. In den ausgedehnten Wäldern reifen Steinpilze, Pfifferlinge, Walnüsse und Maronen heran. Letztere werden entweder zu Mehl vermahlen und zu Kuchen oder Brot verbacken oder sie bereichern als Frucht Suppen, Eintöpfe und Aufläufe wie die Maronencremesuppe mit Nusscroûtons (siehe Seite 86) und das Maronen-Pflaumen-Gratin (siehe Seite 130).

Durch die weitläufigen Wälder streifen Ziegen, deren Milch zu kleinen, flachen Scheibchen des *Cabécou du Périgord* verarbeitet wird. In den Tälern der Flusslandschaften werden Äpfel, Birnen, Pflaumen sowie Johannis-, Blau- und Erdbeeren angebaut. Außerdem werden Honig und Apfelwein produziert.

Im Spätherbst zieht es Feinschmecker vor allem wegen der schwarzen Trüffel *(Truffes)* ins Périgord Noir. Diese Delikatesse, für die Liebhaber bis zu 1000 Euro pro Kilo bezahlen, wird mithilfe von speziell ausgebildeten Spürhunden geerntet. Im wegen seiner dunklen Eichenwälder so benannten »schwarzen« Périgord haben die knollenartigen und bevorzugt unterirdisch an Eichen oder Pappeln heranwachsenden Pilze *(Tuber melanosporum)* ideale Bedingungen. Die größten unter ihnen können bis zu ein Kilogramm auf die Waage bringen. Ein paar Gramm davon reichen jedoch aus, damit ein simples Rührei, ein Omelett oder Bratkartoffeln zur Delikatesse werden.

Im Süden grenzt Aquitanien an die westlichen Ausläufer der Pyrenäen, die die Grenze zu Spanien bilden. Das Baskenland lässt die Ländergrenze jedoch unbeachtet und vereint drei französische und vier spanisch-baskische Provinzen. Die baskische Küche macht deutliche Anleihen in Spanien und ist entsprechend gut gewürzt und gepfeffert. Viele regionale Spezialitäten tragen Namen in Euskara, der baskischen Sprache. So ist *Ttorro* das baskische Gegenstück zur *Bouillabaisse* aus Marseille. Wie im Südosten wird im Baskenland reichlich Knoblauch und Olivenöl verwendet, in den Pyrenäen wird dagegen Butter oder Schmalz bevorzugt.

Die Stadt Espelette im baskischen Hinterland ist zum Hauptanbaugebiet der kleinen, roten Paprikaschoten avanciert. Diese werden nach der Ernte auf lange Ketten aufgefädelt, getrocknet und zerrieben. Für die *Piperade*, das Omelett auf baskische Art, sind sie eine unverzichtbare Zutat (siehe Seite 146).

BELGIEN
LUXEMBURG
DEUTSCHLAND
SCHWEIZ
ITALIEN
SPANIEN
Atlantik
Mittelmeer
Golfe du Lion
Amiens
Le Havre
Rouen
Reims
Isigny
Pays d'Auge
Seine
Wissembourg
Nancy
Vogesen
Saint-Pol-de-Léon
Plougastel
Normandie
Camembert
PARIS
Champagne
Strasbourg
Elsass
Finistère
Bretagne
Seine
Burgund
St.Nazaire
Angers
Tal der Loire
Blois
Bourges
Dijon
Côte de Beaune
Vosne-Romanée
Guérande
Nantes
Loire
Berry
Cher
Île de Noirmoutier
Chateauroux
Loire
Poitiers
Rhône
Charente
Limoges
Clermont-Ferrand
Lyon
Gironde
Auvergne
Rhône-Alpes
Dordogne
Puy-en-Velay
Gironde
Bordeaux
Bergerac
Zentral massiv
Alpen
Bordelais
Périgord
Cevennen
Ardèche
Rhône
Garonne
Côte du Ventoux
Côte d'Argent
Aquitanien
Avignon
Monaco
Languedoc-Roussillon
Montpellier
Provence
Castelnaudary
Carcassonne
Camargue
Côte du Lubéron
Côte d'Azur
Biarritz
Marseille
Espelette
Côte Sablonneuse
Baskenland
Pyrenäen
Côte Vermeille
Perpignan
Korsika
Bastia
Ajaccio
Bonifacio

Unter den zahlreichen in kleinen Käsereien produzierten Ziegen- und Schafskäsen des Baskenlandes ist der aus reiner Schafsmilch hergestellte *Orau Iraty* der berühmteste Vertreter.

Bretagne

Die Bretagne ist ein Landstrich der Gegensätze. Im Landesinneren plätschern friedliche Flüsschen zwischen Hecken und Wiesen daher. In verschlafenen Dörfern mit hoch aufragenden Kirchtürmen scheint die Zeit stehen geblieben zu sein. Und in dem mächtigen, geheimnisvollen Wald von Paimpont spürt man den Geist von König Artus, Zauberer Merlin, Fee Morgane und den Rittern der Tafelrunde noch an jeder nebelverhangenen Wegbiegung.

Ihre eigentliche Berühmtheit verdankt die Bretagne jedoch der einzigartigen Vielfalt ihrer 2500 Kilometer langen Küste. Kaum ein Landstrich in Europa ist deutlicher vom Meer gekennzeichnet als die Küste der Bretagne. Steile, zerklüftete und sturmgepeitschte Klippen, die sich mit engen, feinsandigen Buchten und bizarren Felsformationen abwechseln, dominieren das Bild im Norden und Nordwesten. Der flachere und klimatisch mildere Süden lockt mit langen Sandstränden, pittoresken Künstlerstädtchen und geheimnisvollen Steinalleen. Im südlichsten Zipfel der Bretagne, an der Loiremündung bei Nantes, wird der leicht herbe, spritzige Muscadet-Weißwein angebaut. Auf der Halbinsel Guérande wird in den schon von den Römern betriebenen Marais Salants, den Salzgärten, wertvolles Meersalz in Handarbeit gewonnen.

Die Küche der Bretagne ist so abwechslungsreich und vielschichtig wie die Landschaft, durch die sie geprägt wird. Fisch und Meeresfrüchte werden in großer Auswahl und von kaum zu überbietender Frische angeboten. Dennoch darf nicht vergessen werden, dass die Bretagne die Region Frankreichs ist, in der das meiste Gemüse des Landes angebaut wird. Neben (Früh-)Kartoffeln, Zwiebeln, Knoblauch, grünen Bohnen und Blumenkohl gedeihen vor allem Artischocken in dem milden, vom Golfstrom beeinflussten Klima. Die dicken, fleischigen Camus-Artischocken, die unter Kennern auch als »Stupsnase« betitelt werden, sind in Kombination mit einer fruchtig pikanten Vinaigrette eine beliebte kalte Vorspeise (siehe Seite 52).

Aus Plougastel stammen süß-saftige Erdbeeren, die schon am Hof von Versailles geschätzt wurden. Mit der *Fête des Fraises* wird diese fruchtige Köstlichkeit jedes Jahr im Juni gefeiert. Als Konfitüre und als Erdbeerlikör schmecken sie auch außerhalb der Erntezeit.

Die *Crêpe* aus hellem Weizenmehl oder die *Galette* aus dunklem Buchweizenmehl sind die bretonischen Nationalgerichte schlechthin. Ja, manche Bretonen behaupten sogar, dass der Pfannkuchen in der Bretagne erfunden worden ist. Dennoch ist Pfannkuchen nicht gleich Pfannkuchen: Die süßliche Crêpe wird immer mit einer süßlichen Füllung, wie zum Beispiel mit Erdbeeren und Mandeln (siehe Seite 168), serviert, die etwas salzige Galette mit einer herzhaften Einlage. Letztere erweist sich als sehr sättigend, sodass ein Buchweizenpfannkuchen mit Champignonfüllung durchaus das Mittagessen ersetzen kann (siehe Seite 142).

Der Nachtisch fällt in der Bretagne ebenso üppig aus. Milch, Butter, Eier und Mehl werden zum *Gateaux breton,* einem flachen Biskuitkuchen, oder zu dem mit Backpflaumen gefüllten *Far breton* (siehe Seite 166) verrührt. Mit reichlich guter Fassbutter versehen sind auch die *Palets,* feine Kekse, die im Künstlerstädtchen Pont-Aven gebacken werden und krümelig süß auf der Zunge zergehen. Freunde von Karamellbonbons kommen mit dem Caramel au beurre salé auf ihre Kosten, das durch die Verwendung von Salzbutter nicht ganz so süß ausfällt.

Als Getränke reicht man in der Bretagne vor allem Bier oder Cidre. Böse, nicht bretonische Zungen behaupten allerdings, dass der normannische Cidre dem der Bretagne überlegen ist …

Burgund

Manch ein Kritiker aus der Hauptstadt Paris wirft den Bewohnern des ehemals mächtigen Herzogtums Burgund vor, ihr Leben ziehe träge und gemächlich dahin wie die Schnecken, die in den Weinbergen des Burgund reichlich zu finden sind. Etwas wohlmeinendere Zeitgenossen beneiden die Burgunder um den ländlich beschaulichen Lebensstil, den sie anscheinend auch ins 21. Jahrhundert unbeschadet hinüberretten konnten. Dazu gehört auch, dass im Burgund vorzügliche Weine angebaut und genossen werden. Die Spanne reicht von einfachen, aber gut ausgebauten Tischweinen bis zu vollmundigen Rotwein-Aristokraten, den Grand Crus von den Hängen des Dörfchens Vosne-Romanée. Doch auch die Liebhaber von hochwertigen Weißweinen kommen im südlichen Teil der Côte de Beaune auf ihre Kosten.

Wen wundert es da, dass ein Tafelspruch aus dem Burgund »*Bon appétit et large soif*«, also »Guten Appetit und großen Durst« lautet. Denn gut zu essen und gut zu trinken, gehört im Burgund einfach zusammen. Viele der regionalen Spezialitäten werden deshalb mit einem ordentlichen Schuss Rotwein verfeinert. Eine Flasche in die Sauce, zwei auf den Tisch, so hieß es einst bei manch fürstlichem Gelage.

Inzwischen hält man bei den meisten burgundischen Speisen, wie zum Beispiel bei den aromatischen weißen Bohnen in Rotweinsauce von Seite 163, beim Wein jedoch etwas mehr Maß.

Eine weitere traditionelle Spezialität der Bourgogne sind mit Knoblauchbutter gratinierte Weinbergschnecken – eine zweifelhafte Gaumenfreude, die nicht nur bei Tierfreunden auf Ablehnung stößt. Gut zu wissen ist jedoch, dass die wild in den Weinbergen lebenden Weinbergschnecken *(Helix pomatia)* mittlerweile unter Schutz stehen. Der Großteil der Schnecken, die zu Lebensmitteln verarbeitet werden, stammt aus speziellen Schneckenzuchten. Keiner Schnecke wird ein »Häuschen« gekrümmt, wenn man das klassische »Schneckenpfännchen« auf vegetarische Art zubereitet. Dazu werden schmackhafte Seitlinge mit der berühmten Butterspezialität aus dem Burgund gratiniert. Das freut Schnecke und Mensch!

Nach dem »Schneckenpfännchen« mundet ein Stückchen aromatischer Käse. Das Burgund kann mit immerhin 27 heimischen Käsesorten auftrumpfen. Unter ihnen der berühmte *Époisses,* ein Weichkäse mit Rotkultur, dessen unvergleichlicher Geschmack vom kontinuierlichen Einstreichen mit heimischem Tresterbranntwein *(Marc de Bourgogne)* herrührt.

Richtig scharf und würzig wird es in Dijon, der Hauptstadt des Burgund. Dort wird seit dem 13. Jahrhundert der *Moutarde de Dijon,* der Senf aus Dijon, hergestellt. Seit 1937 garantiert ein Gütesiegel die spezielle Rezeptur, bei der milde Gelbsenfsaat mit kräftiger Braunsenfsaat sowie Traubenmost *(verjus),* Kochsalz und Gewürzen vermischt wird und dem Senf seine pikante Schärfe verleiht. Etwas milder wird der *Moutarde à l'ancienne,* der Senf nach altfranzösischer Art, angerührt, der unter anderem der Tomaten-Senf-Tarte die typische Geschmacksnote verleiht (siehe Seite 69).

Ebenfalls aus Dijon stammt die Crème de Cassis, ein fruchtiger Johannisbeerlikör, den man mit Aligoté, einem trockenen Weißwein, gemischt als *Kir* zum Aperitif reicht.

Elsass

Das Elsass ist die französische Provinz, die den Deutschen nicht nur geografisch gesehen am nächsten ist. Ein kleiner Sprung von Rheinland-Pfalz oder Baden-Württemberg über den Rhein genügt, und schon ist man in Frankreich. Dabei hat das Elsass auf etwa 180 Kilometern von Wissembourg im Norden bis zur Schweizer Grenze im Süden viel für Augen und Magen zu bieten. In der Ebene finden sich schmucke Dörfer mit verwinkelten Gassen, Fachwerkhäusern und üppigem Blumenschmuck vor den Fenstern und in den Gärten. Kleine Bäche plätschern friedlich durch Wiesen und Auen, über denen Meister Adebar, der elsässische Wappenvogel, seine Runden dreht. Die Nester der Störche auf Hausdächern oder Kirchtürmen werden von den Touristen bestaunt und von den Einheimischen als Glücksbringer betrachtet. In den von der Ebene sanft ansteigenden Weinbergen werden vor allem aromatische Weißweine wie Riesling, Edelzwicker, Sylvaner, Gewürztraminer und Pinot gris (Grauburgunder) angebaut. In den Wochen der Weinlese ist es immer wieder ein besonderes Erlebnis, die sich von Norden nach Süden durch die Hügellandschaft schlängelnde *Route du Vin,* die Weinstraße, (mit dem Fahrrad!) entlangzufahren und sich die eine oder andere Kostprobe zu genehmigen.

In einem klassischen Weinbaugebiet wie dem Elsass ist es somit auch eine kulinarische Ehrensache, dass das Rebengold zum Bestandteil vieler regionaler Speisen gemacht wird. Fisch und Fleisch sowie das für die Region typische Sauerkraut *(Choucroute alsacienne)* werden oft mit einem guten Schuss Elsässer Wein verfeinert. Herrlich aromatisch schmeckt das Elsässer Rieslingkraut mit Bandnudeln und Nüssen (siehe Seite 112). Vermeintlich schlichte Kartoffelküchlein werden in Kombination mit einem Rieslingkompott aus knackigen Äpfeln (siehe Seite 114) kulinarisch geadelt.

Bei den Touristen sind vor allem der mit frischen Gartenkräutern angemachte Bibbeleskäs (siehe Seite 54) und der Elsässer Flammkuchen (siehe Seite 110) beliebt, der im Herbst mit frischem Federweißen kombiniert wird. Der original Elsässische Flammkuchen besteht aus hauchdünn ausgerolltem Brotteig, der mit einem Zwiebel-Rahm-Gemisch bestrichen und mit Speck oder Lauch- bzw. Champignonscheiben überstreut wird. Er wird bei starker Hitze kurz im Holzofen gebacken und kommt auf einem Holzbrett auf den Tisch.

Den krönenden Abschluss einer elsässischen Mahlzeit sollte ein Stück Munsterkäse bilden. Dieser weiche, würzige Rotschmierkäse aus dem Munstertal riecht zwar im reifen Zustand etwas streng, schmeckt aber dafür umso besser. Um die Verdauung zu unterstützen, sollte der Munsterkäse mit einer kleinen Prise Kümmel kombiniert werden.

Genießer, die gern auf Fleisch verzichten, sollten sich im Elsass vor dem auf vielen Speisekarten aufgeführten *Salade mixte alsacienne* in Acht nehmen. Denn bei dieser traditionellen elsässischen Spezialität handelt es sich keineswegs um eine Mischung aus verschiedenen Salatsorten, sondern um in Streifen geschnittene Cervelatwurst und Schweizer Käse, die mit einer Vinaigrette angemacht werden.

Languedoc-Roussillon

Der äußerste Südwesten Frankreichs galt lange Zeit lediglich als Durchreiseland zu den Badeorten der spanischen Costa Brava. Nur wenige ausländische Touristen machten sich auf, die feinsandigen Strände des Golfe du Lion, der Côte Sablonneuse und den malerischen Küstenabschnitt der Côte Vermeille zwischen Le Racou-Plage und der spanischen Grenze zu erkunden. Eine Ausnahme bildete die Camargue, die dank des ewig währenden Mythos von rosafarbenen Flamingos, weißen Pferden, wilden Stieren und virilen Flamencospielern unvermindert Besucherströme anzieht. Für das Hinterland der beiden historischen Provinzen, das heißt für die windzersausten Höhenzüge mit kleinen, romantischen Tälern, für die karg anmutenden Rebhänge und grünlich schimmernden Olivenhaine, für die Templerfestungen, Katharerschlösser, für die Trutzburgen sowie romanischen Kirchen und Klöster, interessierte sich kaum jemand. Ein Umstand, der in Zeiten der fortschreitenden touristischen Ausbeutung von Natur und nationalem Kulturerbe vielleicht als Glück bezeichnet werden kann. Denn nur so konnte sich die Region, die sich vom Golfe du Lion bis zu den östlichen Pyrenäen erstreckt und

von den Ausläufern des Zentralmassivs bis zum Mittelmeer reicht, ihre relative Ursprünglichkeit bewahren.

Als Folge dessen trifft man zwischen Montpellier und Perpignan, zwischen den Cevennen und den Pyrenäen auf eine Vielzahl regionaler kulinarischer Traditionen. Allen von ihnen ist jedoch gemein, dass sie eine bodenständige, unkapriziöse Küche mit Hang zu üppig dimensionierten Portionen bieten. Schließlich war bis ins 20. Jahrhundert die zum größten Teil bäuerlich ausgerichtete Bevölkerung des Languedoc-Roussillon froh, täglich satt zu werden. Was auf dem Teller landete, wurde durch die klimatischen Bedingungen bestimmt. So wird die Region traditionell in eine »Butter«- und in eine »Ölhälfte« geteilt. Im bergigen Hinterland der Cevennen und der Causses sowie der Montagne Noire finden Butter und Sahne reichlich Verwendung, während man im Bas Languedoc, dort, wo die Hügel- und Heidelandschaften auf die flachen Küstenabschnitte zulaufen, Öl bevorzugt. Dort wird mediterran unter der Verwendung von Olivenöl, Tomaten, Paprika, Zwiebeln, Knoblauch und den allgegenwärtigen Kräutern der Provence gekocht. Wer leichte und ein wenig ungewöhnliche Kartoffelgerichte schätzt, kommt mit den Schmorkartoffeln mit Ziegenfrischkäse und marinierter Aubergine, in denen sich alle Aromen des Bas Languedoc vereinen, voll auf seine Kosten (siehe Seite 122).

In dem von der Sonne verwöhnten Klima gedeihen jedoch auch Früchte wie Pfirsiche, Kirschen, Aprikosen und Äpfel in bemerkenswerter Fülle. Aprikosen sind die Grundlage für viele verführerische Desserts der Region und kommen auch im Aprikosendessert mit karamellisierten Mandeln zu einem auf der Zunge zergehenden Einsatz (siehe Seite 165).

Mit jedem Kilometer in Richtung der spanischen Grenze wird die Nähe zur katalanischen Kochtradition ausgeprägter. Klassiker der katalanischen Küche wie die Paella, die *Crème catalane,* das katalanische Gegenstück zur urfranzösischen *Crème brulée* (siehe Seite 179), sind hier auf der Speisekarte zu finden. Sogar beim Olivenöl wird der Einfluss des Nachbarlandes bemerkbar, da es wesentlich intensiver als das in der Provence produzierte Öl schmeckt und damit deutliche Anleihen an spanisches Olivenöl macht.

Zwischen den Städten Castelnaudary und Carcassonne im südlichen Languedoc tobt seit Jahren ein erbitterter Glaubensstreit. Jede dieser beiden Städte nimmt für sich in Anspruch, mit dem *Cassoulet* das »Nationalgericht« dieses Landstriches erfunden zu haben. Der ehemals schlichte Bauerneintopf aus weißen Bohnen ist inzwischen durch die Zugabe von vielfältigen Zutaten sowie mit angeblich bischöflichen Weihen derart verändert worden, dass er mit dem ursprünglichen Gericht nur noch wenig gemein hat. Welcher der beiden Streitparteien man auch Glauben schenken darf – unbestritten bleibt, dass der bunte Bohneneintopf aus dem

Languedoc auch ohne Fleischzugabe deliziös ist (siehe Seite 80) und aufgewärmt mindestens doppelt so gut schmeckt.

Käseliebhaber kommen im Languedoc-Roussillon mit dem *Pélardon* und dem *Roquefort* auf ihre Kosten. Der *Pélardon* ist ein kleiner, runder Ziegenkäse mit würzig pikantem Geschmack, dem inzwischen der A.O.C.-Status *(Appellation d'Origine Controlée)* verliehen wurde. Wesentlich bekannter ist jedoch der *Roquefort*, den nicht nur Karl der Große und Ludwig XIV., sondern auch Casanova zu schätzen wussten. *Roquefort* darf sich nur der Schimmelkäse aus reiner Schafsmilch nennen, der nach alter Tradition in den Grotten von Cambalou gereift ist. Etwas milder ist der *Bleu de Causses*, ein Schimmelkäse aus Kuhmilch.

Beide Käsesorten eignen sich vorzüglich zum Verfeinern von Dips und Saucen sowie zum Gratinieren und geben nicht nur dem edlen Spargelgratin (siehe Seite 133), sondern auch überbackenem Chicorée (siehe Seite 134) eine kräftig würzige Note.

Lange Jahre waren die Weine aus dem Languedoc-Roussillon trotz der hervorragenden natürlichen Voraussetzungen mehr gefürchtet als geschätzt. Masse statt Klasse hieß bei vielen Winzern die Devise. Dann machte sich zum Ende der Sechzigerjahre eine neue Generation von Winzern, Aussteigern und Individualisten daran, diesen Missstand zu beseitigen. Sie wählten Sorten, die nicht zum traditionellen Rebsatz der Region gehörten, entwickelten neue Techniken und entschieden sich für den naturnahen oder biologischen Anbau. Der Erfolg gibt ihnen Recht, sodass die Weine des Languedoc-Roussillon inzwischen den besten Weinen aus dem Médoc und dem Burgund das Fürchten beibringen können.

Das Tal der Loire

Mit ihren 1012 Kilometern ist die Loire Frankreichs längster Fluss und einer der letzten unverbauten Wasserläufe Europas. Die »Königin der Flüsse« entspringt als munterer Bergbach in den Cevennen und mündet bei St. Nazaire in einem 48 Kilometer langen Mündungstrichter in den Atlantik. Das, was gemeinhin als Tal der Loire betitelt wird, beginnt bei Blois und setzt sich bis nach Angers, der ehemaligen Hauptstadt der Grafschaft Anjou, fort. Wie auf einer märchenhaften Perlenkette aufgereiht, zieren gut 300 Königsresidenzen, Lust- und Jagdschlösser, Herrensitze und ehemalige Wehrburgen die rechts- und linksseitigen Ufer der Loire und ihrer Nebenflüsse. Von dem im Tal vorherrschenden milden Klima, das weder strenge Winterfröste noch sengende Sommerhitze kennt, fühlten sich Könige und Prinzen angezogen. Der französische Adel, aber auch Künstler und Dichter folgten ihnen bereitwillig. Den Höhepunkt erreichte die französische Renaissance unter Franz I., der in seiner Regierungszeit (1515 – 1547) das größte und imposanteste aller Loire-Schlösser, Schloss Chambord, errichten ließ. Mit 440 Räumen, 70 Treppen und 365 Kaminen ist es ein Beispiel herrschaftlicher Gigantomanie und trotz allem oder gerade deswegen einen Besuch wert. Lieblicher, verspielter und ganz und gar ein *Château de Dames*, ein Schloss der Frauen, ist dagegen das am Flüsschen Cher gelegene Renaissance-Lustschloss Chenonceau. Es trägt die Handschrift der sechs Schlossherrinnen, die dem Schloss sowie den ausgedehnten Ziergärten einen einzigartigen Charakter verliehen haben.

Der wohl schönste Küchengarten Frankreichs ist Teil der weitläufigen Gartenanlagen von Schloss Villandry. Mehr als 80000 Gemüsepflanzen werden dort im dekorativen Renaissance-Gemüsegarten mit Buchseinfassungen nach streng ausgeklügelten Pflanzplänen zweimal jährlich so angeordnet, dass Formen und Farben sich untereinander abwechseln und den Eindruck eines vielfarbigen Schachbretts erwecken. Aus dem angeschlossenen Souvenirladen kann man sich Samen und Tipps für daheim mitnehmen.

Gemüse ist überhaupt ein Thema an der Loire. Über weite Strecken gleicht das Tal einem überdimensionierten Schrebergarten. Die sandigen Böden der Touraine sowie das milde Klima eignen sich hervorragend für den Anbau von Spargel, der mit einer hausgemachten Béchamelsauce (siehe Seite 94) oder einem pikanten Kräuterdip (siehe Seite 97) wunderbar aromatisch schmeckt. Aber auch Artischocken, Erbsen, Karotten, grüne Bohnen und Blattsalate gedeihen in diesem Garten der Götter in üppiger Pracht. In den Tuffhöhlen von Saumur werden Champignons, Seitlinge, Austernpilze und Shiitake-Pilze gezüchtet. Die konstanten Temperaturen, die Dunkelheit und die hohe Luftfeuchtigkeit von bis zu 90 Prozent bieten ideale Voraussetzungen für die Pilzzucht. Vielen dieser Champignonnières sind Restaurants angegliedert. Dort kann man die Köstlichkeiten aus dem Dunkel in verschiedensten kulinarischen Kombinationen, wie zum Beispiel als edle Zutat im Linsensalat mit Austernpilzen und Walnüssen (siehe Seite 58), direkt vor Ort verkosten.

Als Nachtisch bietet sich der köstliche Ziegenkäse der Region an. Dieser kann entweder als herzhafter »Magenschließer« am Stück genossen werden oder man kombiniert cremigen Ziegenfrischkäse mit frischem Obst. Beim gratinierten Obstsalat mit Ziegenfrischkäse-Mousse (siehe Seite 172) werden sowohl Käseliebhaber als auch Zuckermäuler zufriedengestellt.

Natürlich darf in einer Region, die von der Sonne und den Gaben der Natur derart verwöhnt ist, auch der Wein nicht fehlen. Im Loiretal werden frische Weiß- und fruchtige Rotweine sowie betörend süße Dessertweine angebaut. Wer jedoch ausgedehnte Rebflächen wie im Bordelais oder im Burgund erwartet, wird enttäuscht werden. Die Weinbaugebiete der Loire sind so unterschiedlich und so versprengt, dass man sie buchstäblich suchen muss. Aufgrund der unterschiedlichen Lagen und klimatischen Bedingungen ist bei den Loire-Weinen Abwechslung Programm. Die Spannweite reicht vom fruchtigen, manchmal etwas kantigen, roten Chinon über einen mit leichtem Restzuckergehalt ausgebauten Rosé d'Anjou bis zum fruchtig leichten weißen Vouvray. Zum Ende des Flusslaufes, dort wo der Atlantik seinen Einfluss bemerkbar macht, werden die Muscadetweine produziert. Diese frischen, etwas säuerlichen Weißweine, die manchmal leicht prickelnd auf der Zunge liegen, passen hervorragend zu mit Algenbutter (siehe Seite 93) bestrichenem Baguette sowie zu den im Poitou-Charentes hergestellten Ziegenweichkäserollen und dem Ziegencamembert.

Normandie

Die barbarischen Horden kamen aus dem hohen Norden. Mit ihren wendigen Schiffen und scharfen Schwertern drangen die Wikinger mordend, plündernd und schändend von der Südküste des Ärmelkanals bis weit ins Landesinnere vor. Einige Verbände der wilden »Nordmänner« schafften es bis nach Paris und zogen dann nach Köln und Trier weiter. Andere wurden nach der Ernennung ihres Anführers Rollo zum ersten Herzog der Normandie im Nordwesten sesshaft. Sie tauschten die Streitaxt gegen den Pflug, beackerten den fruchtbaren Boden, züchteten Vieh und pflanzten Obstbäume an. Als das Land unter ihrer Obhut gedieh, förderten sie den Klerus, stifteten Kirchen, Klöster und Abteien. Als Folge dessen wurden die Kinder der einstigen barbarischen »Nordmänner« friedliche, französisch sprechende Normannen. Heute erinnert nur noch der Name dieser nördlichen französischen Provinz an ihren Ursprung.

Wer zur Obstbaumblüte im Landesinneren unterwegs ist, lernt eine ganz andere Seite der Normandie kennen. Fährt man auf den kleinen Straßen und Sträßchen vorbei an den ausgedehnten Streuobstwiesen, so wird man in einen wahren Frühlingsrausch von schneeweißen und rosaroten Blütenwolken versetzt. Es sind die beiden Vorboten von zwei der drei großen Cs, die die heutige Normandie prägen: Cidre, Calvados und Camembert. Denn die Normandie ist ein Bauernland geblieben. Die Hälfte der gesamten Bodenfläche umfasst Weideland, ein Viertel ist Ackerland. Auf saftig grünen Weiden, die durch wild rankende Hecken voneinander getrennt sind, weiden Kühe, die den Rohstoff für den Camembert produzieren. Milch, Sahne und Butter gibt es dort in Hülle und Fülle. Und doch ist die Normandie eine Region, die stark durch das Meer geprägt wurde. Feine Sandstrände und wilde Klippen wechseln einander ab. Sanfte Flusstäler münden in murmelnde Kiesstrände und malerische Fischerdörfer. Größere industrielle Ballungsgebiete konzentrieren sich auf das Seinetal zwischen Le Havre und Rouen. Der Rest der Normandie wirkt trotz des massiven Einflusses des Fremdenverkehrs und Tausender Parisern, die alle Jahre wieder im Juli und August die Küstenorte bevölkern, noch sehr naturbelassen und ursprünglich.

Mit den gleichen Attributen kann die Küche der Normandie bedacht werden. Hier kocht man nicht mit den Finessen der Haute Cuisine, sondern herzhaft und kräftig. Mit Milch, Butter, Sahne und Crème fraîche wird nicht gegeizt. Äpfel und Birnen finden in vielen traditionellen Rezepten als Beilagen oder Einlagen Verwendung. In den normannischen Süßspeisen sind sie in Verbindung mit Zucker, Sahne, Butter, Cidre oder Calvados ein Muss.

Der inoffizielle Botschafter der Region ist der Camembert – der vielfach kopierte, aber echt nur mit dem Zusatz A.O.C. versehene Weichkäse aus dem gleichnamigen Ort im Herzen der Normandie. Dort lebte im Jahre 1791 das fromme Bauernmädchen Marie Harel. Diese versteckte während der Revolutionswirren einen kirchentreuen Priester aus der Region Brie vor den Revolutionären. Aus Dankbarkeit weihte der Priester das Bauernmädchen in die Geheimnisse der Fertigung des Fromage de Brie ein. Marie Harel genügte das Resultat, der einfache Bauern-Brie, jedoch nicht und sie experimentierte und probierte weiter, bis das, was man heute in Frankreich »die Füße des lieben Gottes« nennt, entstand.

Camembert und Brie genießt man in Frankreich übrigens nicht nur zum Brot, sondern setzt sie auch zum Gratinieren von herzhaften Tartes und Aufläufen ein. Die beiden Weichkäse verleihen der mit frischen Erbsen und Zuckerschoten belegten Zuckerschoten-Tarte (siehe Seite 76) und dem Brotauflauf mit Brie (siehe Seite 126) eine besonders delikate Note.

Neben Camembert und Brie gibt es in der Normandie noch etwa 30 andere Käsesorten. Am bekanntesten sind der aus roher Kuhmilch gefertigte *Pont-l'Evêque* und der mit Streifen aus Riedgrashalmen umwickelte *Livarot*.

Im Pays d'Auge, dort, wo ausgedehnte Streuobstwiesen die Landschaft prägen, ist der Cidre, der berühmte, prickelnde Apfelwein der Normandie, beheimatet. 750 verschiedene Sorten Äpfel wachsen in der ganzen Provinz, mehr als ein Dutzend werden benötigt, um einen guten Cidre herzustellen. Denn erst das gekonnte Mischungsverhältnis aus süßen, sauren und bitteren Äpfeln macht einen guten Cidre aus. Traditionell wird Cidre aus dickbauchigen, braunen Schalen und zu den typisch normannischen Gerichten getrunken. Aber auch in Töpfen und Auflaufformen macht er sich gut und gibt dem Sauerkrautauflauf mit Cidre sein säuerlich beschwingtes Aroma (siehe Seite 132).

Der große Bruder des Cidre ist der Calvados, ein in Eichenfässern gelagerter Apfelbrand. Dieser wird als Digestif oder auch zwischen den Gängen eines üppigen Menüs gereicht, um als sogenanntes »*trou normand*« (= normannisches Loch) Platz im Magen für folgende Gänge zu schaffen.

Provence

Wer auf der *Autoroute du Soleil*, der Straße in den sonnigen Süden, unterwegs ist, dem eröffnet sich, kurz nachdem der Ballungsraum (und chronische Stauraum) von Lyon überwunden ist, ein Lichtertraum. Die Farben verändern sich plötzlich. Die träge dahinfließenden Wassermassen der Rhône, die Getreidefelder und Obstplantagen, die Weinberge und die Gemäuer der diesseits und jenseits der Rhône liegenden Städte wirken wie von Künstlerhand aquarelliert. Der Midi, der

Süden von Frankreich, hat seine ganz eigenen Farben, weil das Mittelmeer sich über dem Rhônetal in der Atmosphäre fortsetzt und dem Ganzen seine eigene optische Färbung verleiht. Künstler wie van Gogh, Cézanne oder Picasso wurden von diesem magischen Licht angezogen und schufen ihre bedeutendsten Werke in der Provence. Heute genießen Touristen aus aller Welt die scheinbare Unverfälschtheit dieses Landstriches: Kleine, wie Adlernester auf zerklüfteten Felsen thronende Dörfer wechseln sich mit Obstplantagen und Weinbergen ab. Ältere Herren mit Baskenmütze spielen auf platanenbeschatteten Dorfplätzen Boule. Schaf- und Ziegenherden grasen friedlich in Olivenhainen und in lilafarbener Pracht erblühende Lavendelfelder ergießen sich bis zum Horizont. Dort ist man noch weit von der Hektik, die sich zwischen Marseille und Monaco an der Côte d'Azur breit macht, entfernt. Das urfranzösische Lebensgefühl, das gewisse Savoir-vivre, bleibt in der Provence tief verankert.

Zum guten provenzalischen Leben gehört neben der Sonne und einem gewissen Hang zur Gemächlichkeit die Liebe zur guten, abwechslungsreichen Küche mit qualitativ hochwertigen Zutaten. Dieser habhaft zu werden, ist in der Provence keine Zauberei, denn in dem warmen, sonnigen Klima und auf den fruchtbaren Böden gedeihen Kräuter, Gemüse und Früchte jeder Art und Couleur.

Wer einmal einen provenzalischen Markt besucht hat, wird von der reichhaltigen Auswahl zu jeder Jahreszeit beeindruckt sein. Schon in den ersten Wochen des Frühjahrs findet man frischen Spinat, Frühkartoffeln, zarte Karotten, grünen Spargel, kleine weiße Rübchen, Bohnen und Brokkoli in den Auslagen der Marktstände. Die ersten Erdbeeren laden bald darauf zum Naschen ein. Der Sommer schließt sich in einem wahren Feuerwerk von Farben und Genüssen an: Aprikosen, Kirschen, Melonen, Beeren, Feigen, Pfirsiche, Trauben und Äpfel werden zu einfachen, aber dadurch umso verführerischen Desserts oder zu Konfitüren verarbeitet. Im »größten Gemüsegarten Frankreichs« wachsen Auberginen, Gurken, Paprika, grüne Bohnen, Tomaten, Zucchini in Hülle und Fülle. Ein paar Wochen später leuchten Kürbisse, weiße und rote Bohnen, lilafarbene Artischocken, kleine Rote Beten, frische Walnüsse, grüne Oliven sowie verschiedene Kohlsorten um die Wette. Und selbst der Winter ist nicht trist, weil Sellerie, Lauch, Karotten, Orangen und Zitronen nebst den kostbaren schwarzen Trüffeln aus dem Tricastin den Speiseplan bereichern.

Neben Gemüse und Früchten ist die Provence reich an den typischen mediterranen Kräutern, deren Duft über Felder und wilde Heidelandschaften zieht. In dieser »Provinz der Düfte« wird deshalb auch ausgezeichneter Honig produziert, der alle Wohlgerüche und Geschmäcker dieses Landstriches in sich vereint.

Angereichert werden diese Köstlichkeiten durch zwei weitere Säulen der provenzalischen Küche: den Knoblauch und das Olivenöl. Beides wird reichlich verwendet, und das nicht nur bei der Zubereitung von Salaten, sondern auch beim Kochen, Backen und Braten.

Viele Gerichte, die wir heute als typisch französisch erachten, haben ihren Ursprung in der Provence. Beliebt und schmackhaft sind beispielsweise: *Aïoli* (provenzalische Knoblauchsauce), *Bouillabaisse* (Gemüse-Bouillabaisse), *Pan bagnat* (»Gebadetes Brot« aus Nizza), *Ratatouille niçoise* (Gemüseeintopf aus Nizza), *Tapenade* (Olivenpaste), *Tian provençale* (Provenzalischer Gemüseauflauf).

Diese Rezepte dürfen natürlich auch in diesem Buch nicht fehlen und verleiten dazu, schon beim Zubereiten in provenzalischen Genüssen zu schwelgen.

Genuss ist gerade in der Provence immer mit einem guten Tropfen verbunden. Was nicht verwundert, denn der Weinanbau hat dort eine jahrhundertealte Tradition. Schon die Römer und Griechen kelterten zwischen der Rhône und der Küste Weine. Heutzutage findet man eine gelungene Mischung aus edlen Spitzengewächsen von den Rebflächen rund um Châteauneuf-du-Pape und einfachen, süffigen Landweinen. Weil die Böden, Rebsorten und das sonnige Klima sich besonders für den Anbau von Roséweinen eignen, ist ein junger, frischer und süffiger Rosé die eigentliche Spezialität der Provence.

- Piccate de veau au
Marsala, Pates fraiches.
23,00
- Porchetta, cochon de
ait farci. 20,50
Testicules de mouton.
anés, mâchon. 17,00

Tafeln wie Gott in Frankreich

Die französische Ess- und Tafelkultur

Mit den Galliern fing alles an

Die nationale Begeisterung für Essen und Trinken ist eine urfranzösische Leidenschaft. In Frankreich isst man nicht, man tafelt. Küche und Kochen haben Kultstatus. Und das nicht erst seit dem Entstehen der Nouvelle Cuisine in den Siebzigerjahren. Die französische Leidenschaft für eine feine Tafel und einen guten Tropfen kann direkt bis zu den gallischen Vorfahren zurückverfolgt werden. Obelix und seine viel gepriesene Wildschweinkeule lassen grüßen. Historische Quellen beweisen, dass die Landsleute von Asterix und Obelix einen beachtlichen Appetit aufwiesen und Freude am gemeinschaftlichen Tischgenuss hatten. Die ländlichen Feste und üppigen Hochzeitsgelage gehen auf gallische Sitten zurück.

Unter dem Einfluss der Römer wurde die bodenständige und sättigende Kochkunst der Gallier verfeinert, überlebte das Mittelalter und die durch Sparsamkeit und Sinnesfeindlichkeit geprägte Reformation und erwachte zur Regierungszeit Ludwigs XIV. zur erneuten Blüte. Am Hofe des Sonnenkönigs überbot man sich an Üppigkeit und theatralischer Präsentation der Speisen. Völlerei gehörte für den König und seine Hofgesellschaft zum guten gesellschaftlichen Ton. Bei Tisch achtete man von da an auf Etikette, das heißt, von den Geladenen wurden makellose Tischsitten und die Kunst der Konversation bei Tisch erwartet. Diese nationale Eigenart, sich während des Essens über das zu unterhalten, was man gerade isst, hat sich bis in die Gegenwart erhalten. Beim Essen über das Essen zu diskutieren, bedeutet in Frankreich, den kritischen Geist zu trainieren.

Das gastronomische Mahl als UNESCO-Weltkulturerbe

Am 16. November 2010 knallten in ganz Frankreich die Champagnerkorken. An dem Tag wurde von der UNESCO, der Organisation der Vereinten Nationen für Erziehung, Wissenschaft und Kultur, das geadelt, was den Franzosen seit jeher ganz besonders am Herzen liegt: das Kochen und das Essen. Bei der Auszeichnung der Cuisine française durch die UNESCO ging es jedoch nicht um die Glanzleistungen französischer Sterneköche, sondern um eine Tradition, die viele Franzosen trotz zunehmender Arbeitsbelastung, Hektik im Alltag und Verlockungen der Fast-Food-Tempel mit Passion pflegen. Immer, wenn es etwas zu feiern oder zu bereden gibt, trifft man sich mit der Familie und Freunden zu einem guten und ausgedehnten Essen – zum von der UNESCO in die Liste der immateriellen Weltkulturerben der Menschheit aufgenommenen gastronomischen Mahl der Franzosen.

Vor dem Tafeln steht meist ein ausgiebiger Besuch des Wochenmarktes auf dem Programm, wo man sich mit hochwertigen, vorzugsweise regionalen und saisonalen Produkten eindeckt. Bei der Auswahl der Speisen wird darauf geachtet, dass alles geschmacklich gut miteinander harmoniert. Ein hübsch gedeckter Tisch und der passende Wein für jeden Gang sind dabei selbstverständlich. Während man zusammen kocht, den Tisch deckt, isst und plaudert, wird ganz nebenbei das Wissen der Eltern an die Kinder weitegegeben und eine kulinarische Gewohnheit am Leben erhalten, die der Inbegriff des französischen Savoir-vivre ist.

Französische Esskultur hält gesund

Es scheint ein Widerspruch in sich: Trotz Buttercroissants, fettem Käse und mit Crème fraîche angereicherten Saucen sind immer noch weniger erwachsene Franzosen übergewichtig als Deutsche oder Amerikaner. Außerdem treten Herz-Kreislauf-Erkrankungen bei ihnen deutlich weniger auf. Dieses französische Paradoxon wird unter anderem damit erklärt, dass die Portionen kleiner sind und mit wesentlich mehr Hingabe und meist in Gemeinschaft verzehrt werden. Außerdem kommen viel Gemüse, Salate und Obst auf den Tisch. Auch dem Gläschen Rotwein, das zu jedem guten französischen Essen gehört, sagt man gesundheitsfördernde Eigenschaften nach. So wirken bestimmte sekundäre Pflanzenstoffe aus den Weintrauben Entzündungen entgegen und tragen dazu bei, die Gefäße offen zu halten (streng genommen gilt das aber auch für den unvergorenen roten Traubensaft).

Bei aller Hingabe zu einem guten Essen gelingt es den Franzosen dennoch, Maß zu halten. Dem hierzulande beliebten Spruch, dass das Frühstück die wichtigste Mahlzeit des Tages ist, misst man in Frankreich keine Bedeutung bei. Die erste Mahlzeit des Tages fällt daher eher spartanisch aus. *Le petit déjeuner* wird meistens schnell, nicht selten im Stehen eingenommen und besteht lediglich aus einer großen Schale Café au Lait, einem Croissant oder einem Stück Baguette mit Konfitüre.

Auch das Mittagessen, das oft in der Kantine oder in einem Bistro beziehungsweise kleinen Restaurant in der Nähe des Arbeitsplatzes eingenommen wird, ist kein großes Schlemmermenü. Trotzdem hält man sich dabei an die traditionelle Trias von Vorspeise, (kleinem) Hauptgericht und Dessert. Beim gemeinsamen

Die Speisenfolge beim französischen Mahl

Beim Tafeln à la française hält man sich an die seit alters praktizierten Rituale. So beginnt das gemeinsame (Fest-)Essen mit einem Aperitif und endet mit einem Digestif. Dazwischen gönnt man sich mindestens vier Gänge, sodass sich die nachstehende Menüfolge ergibt.

- *Apéritif: Ein Gläschen zu Beginn, das den Appetit anregt. Oft handelt es sich um ein Glas Champagner oder Crémant (französischer Schaumwein). Im Sommer sind zudem ein trockener Weißwein oder ein Kir beliebt. In der Provence und am Mittelmeer trinkt man gern einen Pastis (Anisschnaps), der mit gekühltem Wasser aufgefüllt wird.*

- *Les hors-d'œuvre: Kleine Gaumenfreuden, die den Magen öffnen.*

- *Les entrées: Kalte oder warme Vorspeisen, von schlicht bis raffiniert, aber immer mit viel Gemüse und Salaten.*

- *Le plat: Die Hauptspeise, welche meistens aus Fleisch, Fisch und Beilagen oder einem vegetarischen Hauptgericht besteht.*

- *Le fromage: Weil Käse bekanntlich den Magen schließt.*

- *Le dessert: Die süße, kleine Versuchung, die bei keinem Menü fehlen darf.*

- *Le café: In der Regel klein und stark. Er wird oft von etwas Schokolade und einem Digestif, entweder einem Likör oder einem Marc (Tresterschnaps), Cognac oder Armagnac (Weinbrand aus Südwestfrankreich) oder auch Calvados, begleitet.*

Werden noch mehr Gänge mit entsprechenden Entremets (Zwischengerichten) serviert, wird jeder Gang kleiner portioniert.
Zum Essen gibt es frisches Baguette, getrunken wird Wasser und Wein. Erlaubt ist hier inzwischen das, was schmeckt. Als Faustregel gilt jedoch noch immer, dass ein Gericht aus einer bestimmten Region mit Weinen aus derselben Region gepaart werden sollte.
Sättigungsbeilagen im deutschen Sinn gibt es nicht; Kartoffeln werden als Gemüse eingestuft.

Essen im Kreis von Kollegen und Kolleginnen lässt es sich herrlich plaudern und für ein Stündchen den Arbeitsstress vergessen. Das vorherrschende Gesprächsthema ist selbstverständlich das Essen und die Verarbeitung der aufgetischten Zutaten. Essen hält in Frankreich eben Leib, Seele und Geist zusammen!

Apéro: gemütliches Zusammensein nach Arbeitsende

Die Franzosen sind ein geselliges Völkchen und schätzen das Miteinander. Kein Wunder, dass sich in den letzten Jahren ein neuer gesellschaftlicher Brauch verbreitet hat. Nach getaner Arbeit trifft man sich zuhause zu einem kleinen, gemütlichen Zusammensein, zum Apéro.

Wenn gegen 19 Uhr Freunde und Kollegen eintreffen, stehen meist schon gut gekühlte nichtalkoholische Getränke und eine kleine Auswahl an Weinen bereit. Dazu gibt es Häppchen, die sich schnell zubereiten und im Stehen verspeisen lassen. Typisches Fingerfood à la française sind in Würfel geschnittener Hartkäse, belegte Baguettescheiben, marinierte schwarze oder grüne Oliven, Melonenspalten und kleine Gemüse-Käse-Spieße.

Falls Sie, liebe Leserinnen und Leser, Lust verspüren, demnächst selbst zu einem Apéro einzuladen, schlage ich Ihnen dazu folgende kleine Köstlichkeiten aus den Rezeptkapiteln ab Seite 49 vor:

- Auberginenkaviar (siehe Seite 51) mit geröstetem Knoblauchbaguette (siehe Seite 60)
- Bibbeleskäs (siehe Seite 54), pikanter Kräuterdip (siehe Seite 97) oder Pinienkerne-Dip (siehe Seite 98) mit Rohkoststicks
- gefülltes Blätterteiggebäck (siehe Seite 65)
- in mundgerechte Portionen geschnittene Gemüse-Pissaladière (siehe Seite 66)
- geröstetes Tomatenbaguette mit Ziegenkäse (siehe Seite 67)
- provenzalisches Minifladenbrot (siehe Seite 70)
- angemachte Butterspezialitäten (siehe Seiten 91, 92 und 93) mit kross geröstetem Baguette oder Toast
- Tapenade (siehe Seiten 103 und 104) mit Baguette
- Aïoli (siehe Seiten 100 und 101) mit Baguette, Tomaten und Gemüsesticks
- in mundgerechte Portionen geschnittenes mehrfarbiges Schichtenomelett (siehe Seite 144)
- Karoffelbrioches (siehe Seite 161), heiß aus dem Ofen serviert
- vegetarische »Schneckenpfännchen« mit Kräuterbutter (siehe Seite 75)
- eine Käseplatte wie auf Seite 39 beschrieben

Zu diesen Spezialitäten passt ein gut gekühlter, trockener Rosé oder eine köstliche Lavendellimonade. Sie lässt sich wunderbar vorbereiten.

Lavendellimonade

Limonade à la lavande

3 – 4 EL Roh-Rohrzucker
150 ml kochend heißes Wasser
3 unbehandelte Zitronen
4 Zweige Lavendel
1 l kaltes Wasser

- Den Zucker im kochend heißen Wasser auflösen.
- Von einer der Zitronen die Schale abreiben. Die Zitronenschale und die Lavendelzweige zum Zuckerwasser geben, kurz verrühren und 15 Minuten ziehen lassen.
- Alle Zitronen auspressen. Den Zitronensaft und das kalte Wasser zum Limonaden-Ansatz geben und mindestens vier Stunden im Kühlschrank gut durchkühlen lassen.
- Die Limonade vor dem Servieren durch ein feines Sieb geben.

Vegetarisch leben wie Gott in Frankreich

Frankreich gilt als Inbegriff des kulinarischen Paradieses. In kaum einem anderen Land lässt es sich mit solcher Hingabe schlemmen. Mit einer kleinen, aber feinen Ausnahme: Alle, die der Fleischeslust in Töpfen und auf Tellern entsagten, hatten es in Frankreich lange Zeit recht schwer.

Denn dort, wo Hähnchen in Rotweinsauce, Meeresfrüchte, Weinbergschnecken in Knoblauchbutter, Froschschenkel und Gänseleberpastete quasi zum nationalen Kulturgut gehören, galten Vegetarier oftmals als Exoten und Sonderlinge. Die man zudem mit einem gehörigen Maß an Misstrauen beäugte und die die eine oder andere spöttische Bemerkung über sich ergehen lassen mussten.

Das änderte sich zum Ende der Neunzigerjahre. Eine bis dato nicht gekannte Häufung von Lebensmittelskandalen erschütterte die Grande Nation. Dann wurden auch noch die Kühe »verrückt«. Die *Crise de la vache folle* brachte auch viele Franzosen, deren Pro-Kopf-Verbrauch an Fleisch mit gut 90 Kilogramm pro Jahr damals an der Spitze Europas lag, zum Umdenken. Plötzlich fragte man nach Herkunftszertifikaten und Aufzuchtdetails. Einige Verbraucher gingen noch einen Schritt weiter und fragten sich, ob Fleisch, Fisch und Geflügel der Gesundheit überhaupt dienlich sind. Die Stunde des Vegetarismus schlug nun auch in Frankreich.

Grünkost-Gourmets à la française

Im Vergleich zu den Nachbarländern Deutschland und Großbritannien ist der Anteil der Vegetarierinnen und Vegetarier in Frankreich noch immer recht klein. Im Jahr 2016 bezeichneten sich zwei bis drei Prozent der Franzosen als Vegetarier, ein Prozent als Veganer. Die Befürworter des Végétarisme leben ihren fleischlosen Lebensstil jedoch mit Hingabe und Passion, was sich unter anderem in zahlreichen französischen Blogs und Internetseiten zu diesem Thema zeigt.

Prominente Befürworter der vegetarischen Lebensart sind der Sänger Julien Doré, der Komponist und Sänger Michel Sardou und dessen Ehefrau Anne-Marie Périer sowie die Schauspielerin und Sängerin Vanessa Paradis. Der französische Fotograf, Journalist und Umweltschützer Yann Arthus-Bertrand hat seine Liebe zu unserem blauen Planeten in den preisgekrönten Dokumentarfilmen »Die Erde von oben«, »Home« und »Planet Ocean« auf spektakuläre Weise zum Ausdruck gebracht. Es überrascht nicht, dass sich auch der Meister der ausdrucksstarken Luftbildaufnahmen zum Vegetarismus bekennt. Mit seinem Buch »No steak« hat der Journalist und Fernsehmoderator Aymeric Caron in ganz Frankreich eine lebhafte Diskussion über das Für und Wider der vegetarischen Lebensweise ausgelöst. Der engagierte Tierrechtler ist sich sicher, dass der Fleischkonsum in naher Zukunft eine Sache der Vergangenheit sein wird.

Ob Aymeric Carons Optimismus berechtigt ist, bleibt abzuwarten. Sicher ist jedoch, dass der Fleischkonsum auch in Frankreich kontinuierlich abnimmt. Drastisch zugenommen hat dagegen die Zahl der sogenannten Flexitarier. Etwa ein Fünftel aller Franzosen gibt an, nur noch wenig oder selten Fleisch zu essen. Für viele Franzosen ist es inzwischen ganz normal, an zwei oder drei Tagen in der Woche ganz auf Pflanzenkost zu setzen. Dabei zeigen die Küchenchefs am heimischen Herd viel Fantasie und Experimentierfreudigkeit.

Die traditionellen Familienrezepte werden gründlich »entstaubt« und durch einen munteren Mix von Alt und Neu sowie durch das Hinzufügen von Zutaten aus anderen Länderküchen auf den heutigen Stand gebracht. So kommt die berühmte *Quiche lorraine* statt mit Schinken und Speck mit Räuchertofu daher und das Omelett wird zur Abwechslung mit einem Teig aus Kichererbsenmehl zubereitet.

Diesem Trend folgend, hat sich die Anzahl der Restaurants, die ausschließlich vegetarische oder vegane Gerichte anbieten, vervielfacht. Besonders in der Hauptstadt Paris lässt es sich inzwischen prima vegetarisch schlemmen. Knapp die Hälfte aller Franzosen hat unlängst in einer Umfrage den expliziten Wunsch geäußert, dass auch die traditionellen Restaurants nicht nur vegetarische Speisen, sondern ebenfalls mindestens ein veganes Gericht auf ihre Speisekarte setzen.

Es tut sich was in Frankreich. Nur auf Fleisch, Fisch und Geflügel zu setzen, ist auch im Mutterland aller Gourmets endgültig passé.

Stolz, ein Vegetarier zu sein

Eine weitere Gruppe, die zu dieser Veränderung beiträgt, sind die Tierschützer und Tierrechtler. Ihre Beweggründe sind nicht so sehr gesundheitlicher, sondern eher ethisch-moralischer Art. Das Leiden des Tieres rückt in den Vordergrund. »Tue niemanden das an, was dir selbst nicht angetan werden soll«, lautet ihr Credo. Dafür gehen bei der alljährlichen »Veggie Pride«, dem Fest für stolze Vegetarier und Veganer, in Paris, Lyon und Marseille inzwischen Tausende Menschen auf die Straße. Organisationen wie die *Association Végétarienne de France (AVF), PeTA France* und *L214 Ethique et animaux* vermerken wachsende Mitgliederzahlen. Kochbücher und Blogs mit vegetarischen Rezepten sowie vegetarisch-vegan ausgerichtete Kochkurse sind gerade en vogue. Der Fundus an vegetarischen wie veganen Rezepten ist auch in Frankreich groß, die Gourmets müssen sich seiner nur bedienen.

3
POUR
5
PUR CHEV

La France aux 1000 fromages

Die unendliche Vielfalt französischer Käsesorten

»Wie soll man ein Land regieren, das 258 verschiedene Käsesorten hat?«. Dieses Zitat von Charles de Gaulle ist in die Geschichte eingegangen. Obwohl die Angaben, von wie vielen Käsesorten Le General tatsächlich gesprochen hat, von Quelle zu Quelle schwanken, steht eins fest: Frankreich ist in Sachen Käse Weltmeister. Fast 27 Kilogramm davon verputzt jeder Franzose im Durchschnitt pro Jahr.

Dabei hat er mitunter die Qual der Wahl. Sofern man neueren Schätzungen glauben darf, trumpft Frankreich mit rund 1000 verschiedenen Käsesorten auf. Allein über 100 davon sind unterschiedliche Ziegenkäse. Und 46 dürfen das begehrte Gütezeichen A.O.C *(Appellation d'Origine Controlée)* tragen. Damit werden unter anderem die traditionelle Herstellung in einem begrenzten Gebiet und strenge Auflagen bei der Qualitätskontrolle garantiert.

Zwischen den Salzwiesen des Nordens und den Gebirgszügen des Südens wird nach teilweise seit Jahrhunderten überlieferten Traditionen Milch zu schmackhaftem Käse verarbeitet. Dabei unterscheidet man verschiedene Käsegruppen:

Rohmilchkäse

Fromages au lait cru

Bei der Herstellung von Rohmilchkäse wird die Milch nicht pasteurisiert, sondern gar nicht oder auf maximal 40 °C erhitzt. Auf diese Weise erhält der Käse seinen individuellen Geschmack, in dem sich das Aroma der Region und das handwerkliche Können des Produzenten widerspiegeln. Voraussetzung für einen guten Rohmilchkäse ist hochwertige, ganz frische Milch, die entweder direkt auf dem Hof oder in einer nah gelegenen Käserei verarbeitet wird.

Typische Beispiele für französischen Rohmilchkäse sind *Brie de Meaux* aus der Region Ile-de-France, *Camembert de Normandie*, *Comté* aus der Franche-Comté, *Morbier* aus dem französischen Jura, *Beaufort*, *Chevrotin* und *Gruyère français* aus den Savoyer Alpen oder *Roquefort* aus dem gleichnamigen Dorf in der Region Midi-Pyrenäen.

Frischkäse

Fromages frais

Um Frischkäse herzustellen, wird die Milch durch Milchsäurebakterien dickgelegt, wodurch der Käse direkt nach der Herstellung verzehrfertig ist und nicht reifen muss. Geschmacklich variiert er von mild bis pikant. Abwechslung in den Frischkäse bringen Kräuter, Pfeffer und Knoblauch. Ziegenfrischkäse hat ein sahniges, leicht säuerliches Aroma und eignet sich daher besonders gut für »Ziegenkäse-Einsteiger«.

Weichkäse mit weißem Edelpilz

Fromages à pâte molle et à croûte fleurie

Von den saftigen Wiesen der Normandie aus hat der französische Weichkäse viele Liebhaber in aller Welt gefunden. Typisch für diese Art von Weichkäse ist der geschmeidige Teig, der auf den hohen Wassergehalt hinweist. Der Geschmack variiert von fein würzig bis pikant.

Bei der Herstellung werden der Milch Milchsäurebakterien und Lab zugegeben. Dadurch trennt sich der Bruch von der Molke und kann in Formen gefüllt werden. Die für den weißen Edelpilzrasen auf der Oberfläche verantwortlichen Edelpilzkulturen werden entweder der Milch direkt beigegeben oder auf die geformten Käse gesprüht.

Die bekanntesten Sorten sind *Camembert* und *Brie*, die beide ihren Ursprung im hohen Norden Frankreichs haben.

Weichkäse mit gewaschener Rinde

Fromages à pâte molle et à croûte lavée

Typisch für diesen Käse ist der rötlich gefärbte Mantel, weshalb er auch als Rotschmier- oder Rotkulturkäse bezeichnet wird. Bei der Reifung wird die Oberfläche der Käse regelmäßig mit einer Mischung aus Wasser, Rotschmierekulturen und Kochsalz gewaschen. Dadurch überzieht sich der Käse mit einer dunkelgelben bis rötlich schimmernden, meist etwas feucht-schmierigen Rinde.

Typische Beispiele sind der *Munster* aus dem Elsass, der *Chaumes* aus dem Périgord, der *Époisses* aus dem Burgund und der *Pont-l'Evêque* oder der *Livarot* aus der Normandie.

Halbfester Schnittkäse

Fromages à pâte pressée non cuite

Bei der Herstellung von Schnittkäsen wird der Käseteig gepresst, sodass mehr Molke abläuft und der Käse insgesamt fester wird. Dennoch lässt er sich ohne Mühe schneiden.

Zu dieser Gruppe zählen unter anderem der *Raclette, Cantal* und *Saint-Nectaire* aus der Auvergne, der *Morbier* aus der Franche-Comté, der *Reblochon* und der *Tomme de Savoie* aus der Alpenlandschaft der Savoyen und der leuchtend orangefarbene *Mimolette* aus der Stadt Lille.

Hartkäse

Fromages à pâte pressée cuite

Hartkäse ist Käse mit sehr geringem Wassergehalt und langer Reifezeit, manchmal zwölf Monate und mehr. Bei der Herstellung wird der Käseteig nicht nur gepresst, sondern das Molke-Bruch-Gemisch wird zusätzlich noch erhitzt, was das weitere Ablaufen der Molke unterstützt. Viele dieser sehr aromatischen Hartkäse stammen aus Bergregionen, wie zum Beispiel der *Comté* aus der Franche-Comté, der *Beaufort* aus der Region Rhônes-Alpes, der *Abondance* aus den Savoyer Alpen oder der französische *Emmental.*

Blauschimmelkäse

Fromages à pâte persillée

Blauschimmelkäse fallen durch ihren mit blauem oder grünem Edelpilz durchsetzten Teig ins Auge. Um die klassische Färbung zu erreichen, werden der Milch oder dem Käsebruch vor dem Ausformen Grün- oder Blauschimmelkulturen zugegeben. Während der Reifung wird der Teig »pikiert«, das heißt, es werden mit einer Nadel Löcher in den Teig gestochen. Durch die so entstehenden Luftkanäle können die Edelpilze im Inneren wachsen und die typische Äderung hervorbringen.

Blauschimmelkäse sind entweder Weich- oder halbfeste Schnittkäse. Der bekannteste Käse dieser Gruppe ist der aus Schafsmilch hergestellte *Roquefort,* der in den Höhlen des gleichnamigen Pyrenäendorfes heranreift. In der Auvergne werden der kräftige *Bleu d'Auvergne* und der etwas mildere *Fourme d'Ambert* produziert. Der *Bleu de Bresse* aus der gleichnamigen Region im Osten Frankreichs hat nur eine milde Edelpilznote und ein fein-säuerliches Aroma.

Schmelzkäse

Fromages fondus

Bei der Herstellung von Schmelzkäse werden Schnitt- und Hartkäse, teilweise auch Frischkäse unter der Beigabe von Schmelzsalzen eingeschmolzen.

Französische Schmelzkäse werden vorwiegend aus Comté oder französischem Emmental hergestellt. Schon seit 1921 ist der Schmelzkäse mit dem Markennamen *La vache qui rit* (= die lachende Kuh) nicht nur, aber vor allem bei Kindern beliebt. Die Verpackung ziert die Abbildung einer feuerroten, lachenden Kuh, von deren Ohren Ohrringe aus dem Verpackungsmaterial baumeln.

Ziegenkäse

Fromages de chèvre

Man hört es in Frankreich, dem Land des Ziegenkäses schlechthin, nicht gern. Aber der Ziegenkäste ist keine urfranzösische Erfindung. Es waren die Römer und Griechen, die auf ihren Handelswegen zuerst die Ziege und dann auch den Ziegenkäse in die südlichen Regionen Frankreichs eingeführt haben. Später brachten die Mauren die Ziege über Spanien in die französische Loire-Region. Seit dem 16. Jahrhundert gilt die Gegend um Poitiers als Zentrum französischer Ziegenkäseproduktion. Aber auch in vielen anderen Regionen Frankreichs wird seit Jahrhunderten Ziegenkäse hergestellt, wodurch sich eine außerordentliche Vielfalt ergibt. Derzeit dürfen fünfzehn Ziegenkäsesorten das begehrte A.O.C.-Siegel tragen. Allein fünf davon kommen aus dem Loiretal: *Crottin de Chavignol, Pouligny Saint-Pierre, Sainte-Maure de Touraine, Selles-sur-Cher* und *Valençay.*

Im Südwesten, in der Region Aquitanien, wird nicht nur hervorragender Wein, sondern auch der leicht nussig schmeckende *Cabécou du Périgord* hergestellt. Aus den Pyrenäen stammt der kleine *Rocamadour*. Im mediterranen Klima des Languedoc-Roussillon reift der rund 60 Gramm leichte *Pélardon* heran. Am Unterlauf der Rhône ist der milchig säuerliche *Picodon* heimisch. Aus der Haut-Provence stammt der stets in ein Kastanienblatt gehüllte *Banon*. In den Savoyer Voralpen mit ihren kräuterreichen Almen wird der *Chevrotin* aus Ziegenrohmilch gefertigt.

Ziegenkäse erweist sich wegen seiner unterschiedlichen Geschmacksvarianten und seiner vielfältigen Verwendungsmöglichkeiten als Bereicherung der warmen und kalten Küche. Ein echter Klassiker französischer Esskultur ist der *Chèvre chaud,* der im Ofen, in der Pfanne oder unter dem Grill erwärmte Ziegenkäse.

Milder Ziegenfrischkäse passt wunderbar zu herzhaften wie auch süßen Speisen. Als Mousse verarbeitet, krönt er fruchtig frische Dessertzubereitungen.

Die typische französische Käseplatte – gewusst wie

Le plateau de fromage ist fester Bestandteil eines typischen französischen Menüs. Bei der Zusammenstellung einer Käseplatte ist man in Frankreich bemüht, die ganze Vielfalt heimischer Käsesorten zu präsentieren. Dazu wird der Käse in »Käsefamilien« angeordnet, wobei von jeder »Familie« mindestens zwei Produkte angeboten werden. So tischt man beispielsweise aus der »Käsefamilie« Blauschimmelkäse ein Stückchen milden Bleu de Bresse, würzigeren Fourme d'Ambert und sehr kräftigen Roquefort auf. Den Anfang einer Käseplatte macht traditionell ein milder, leichter Frischkäse. Den Abschluss bildet ein sehr würziger Ziegenkäse. So ergibt sich folgende empfohlene Reihenfolge:

- Frischkäse
- Weichkäse mit weißem Edelpilz
- Weichkäse mit gewaschener Rinde
- Halbfester Schnittkäse
- Hartkäse
- Blauschimmelkäse
- Ziegenkäse

Weil natürlich gerade in Frankreich auch das Auge immer mitisst, werden die »Käsefamilien« im Uhrzeigersinn auf einem großen Holzbrett, einer Marmorplatte oder einem großen Porzellanteller angerichtet. Probiert wird ebenfalls im Uhrzeigersinn, das heißt, man kostet von mild bis würzig.

Damit der Käse sein volles Aroma entfalten kann, sollte er etwa 20 Minuten vor dem Servieren aus dem Kühlschrank entnommen werden.

Da der Käse nur den Magen schließen soll, rechnet man für eine Käseplatte zum Abschluss eines Menüs mit etwa 80 Gramm pro Person. Soll die Käseplatte dagegen mit ein wenig Baguette als eigenständige Mahlzeit serviert werden, muss man 120 bis 200 Gramm pro Person einplanen. Als Beilage machen sich frische Trauben und Datteln, Mandeln, Oliven oder Cornichons nicht nur optisch sehr gut. Ein Gläschen Wein rundet den Käsegenuss *à la française* ab.

Die französische Speisekammer

Le garde-manger

Artischocken

Artichauts

Die Artischocke blieb in Frankreich bis zum Anfang des 19. Jahrhunderts vorwiegend dem französischen Adel vorbehalten, da das genussvolle Verspeisen von Artischocken als Zeichen von Reichtum und gehobener Lebensart galt.

Heute sind die dunkelgrünen und violetten Distelgewächse für die meisten Franzosen erschwinglich, da vor allem die Bretagne mit ihrem vom Golfstrom beeinflussten Klima ideale Anbaubedingungen bietet. Auf den Feldern um die ehemalige Bischofsstadt Saint-Pol-de-Léon im nordwestlichen Finistère reifen zwischen Mai und Oktober 90 Prozent aller französischen Artischocken heran. Als Sorten werden traditionell die bis zu 500 Gramm schwere, dicke Camus-Artischocke und die etwas leichtere Castel-Artischocke angebaut. In den letzten Jahren wird aber auch die Petit violet, die kleine, lilafarbene Artischocke, die man vor allem aus den Mittelmeerregionen kennt, zunehmend beliebter.

In der Küche ist die Artischocke vielfältig einsetzbar, man kann sie kochen oder schmoren, kalt oder warm genießen, die Blätter mit Dips »auslutschen«, die Böden und Herzen dünsten, füllen oder überbacken.

Geputzte Artischocken sollten sofort mit frischem Zitronensaft beträufelt oder in Zitronenwasser gelegt werden, weil sie sonst anlaufen. Auch dem Kochwasser sollte stets etwas Zitronensaft zugefügt werden. Weil Artischocken weder Eisen noch Aluminium schätzen, sollten sie außerdem weder in Kochtöpfen aus solchem Material gekocht noch mit Aluminiumfolie abgedeckt werden.

Frische Artischocken kommen bei uns von Frühsommer bis Frühherbst auf den Markt. Sie sollten noch prall sein und keine braunen Blätter oder Spitzen aufweisen. Im Gemüsefach des Kühlschranks halten sie sich etwa eine Woche.

Baguette

Eine Mahlzeit ohne Baguette, was übersetzt »Stock« bedeutet, ist in Frankreich undenkbar. Man braucht es für alles und isst es zu einfach allem: Suppe, Sauce, Pasteten, Käse und auch zum Dessert. Obwohl die Franzosen heute fünfmal weniger Brot als zu Beginn des 20. Jahrhunderts essen, ist das Baguette noch immer allgegenwärtig.

Das Geheimnis des Wohlgenusses eines perfekt gebackenen Baguettes liegt in der speziellen Teigzubereitung, wobei der Teig sehr kühl angerührt wird und ihm lange Ruhezeiten gestattet werden. Dadurch bleibt das Baguette innen herrlich weich, ist außen aber knackig knusprig. Frisch aus dem Ofen kann kaum jemand widerstehen.

Obwohl das Baguette 80 Prozent des verzehrten Brotes in Frankreich ausmacht, werden auch noch über 80 verschiedene regionale Brotspezialitäten angeboten, wobei Besonderheiten wie Nuss- oder Rosinenbrote noch gar nicht mitgezählt sind.

Baskischer Pfeffer

Piment d'Espelette

Seit dem 17. Jahrhundert werden im Baskenland rund um das Dorf Espelette die feuerroten, kleinen und spitzen Paprikaschoten angebaut. Im Herbst werden sie auf lange Schnüre gefädelt und an den Südseiten der Häuser zum Trocknen aufgehängt. Nach zwei Monaten werden sie eingezogen, im Ofen nachgetrocknet und fein vermahlen. Der Piment d'Espelette ist der einzige heimische Pfeffer Frankreichs. Er ist milder als Cayennepfeffer, aber sehr aromatisch und wird in vielen baskischen Gerichten verwendet.

Hierzulande ist er in Feinkostläden oder Supermärkten mit sehr gut sortiertem Gewürzsortiment, in manchen Naturkostfachgeschäften oder über den Versandhandel erhältlich. Sollten Sie keinen Piment d'Espelette zur Hand haben, können Sie ihn durch scharfes Paprikapulver ersetzen.

Buchweizen

Sarrasin, Blé noir

Buchweizen ist eine einjährige Sommerfrucht. Sie wird dem Getreide zugerechnet (Pseudogetreide), gehört botanisch jedoch zur Familie der Knöterichgewächse. Ihr Name leitet sich von den dreikantigen, kastanienbraunen Früchten ab, die eine ähnliche Form wie Bucheckern aufweisen.

Der Samen des Buchweizens wird zu Mehl vermahlen und für Breie, Pasteten und vor allem für die bretonische Galette verwendet. Während Buchweizenmehl in Frankreich auch in jedem kleinen Supermarkt zu erhalten ist, wird es hierzulande vor allem in Reformhäusern, Naturkostfachgeschäften und in gut sortierten Supermärkten angeboten.

Couscous

Couscous ist ein Grundnahrungsmittel der nordafrikanischen Küche und besteht aus befeuchteten und zu winzigen Kügelchen gerolltem Hartweizengrieß. Nach Frankreich kam der Couscous erst im 19. Jahrhundert. Heimkehrer aus den Kolonien und Migranten brachten ihn mit nach Paris und in die anderen französischen Großstädte. Inzwischen ist Couscous ein fester Bestandteil der südfranzösischen Küche. Besonders beliebt ist der vorgegarte und erneut getrocknete Instantcouscous, der nur noch in kochendes Salzwasser oder kochende Brühe eingerührt werden muss und danach noch acht bis zehn Minuten zum Ausquellen benötigt. Vor dem Servieren rührt man ein wenig Olivenöl unter und lockert den Couscous mit einer Gabel.

Couscous-Gewürzmischung

Ras el-Hanout

Die Gewürzmischung Ras el-Hanout besteht aus bis zu 35 verschiedenen gemahlenen Gewürzen, die in nordafrikanischen Ländern gern zum Würzen von Couscous verwendet werden. In der Regel sind in der Mischung vor allem Ingwer, Gewürznelke, Zimt, Anis, Kurkuma, Muskatnuss und Muskatblüte, verschiedene Pfeffersorten, Kardamom, Kreuzkümmel, Fenchel und Galgant (eine Wurzel aus Indonesien) enthalten.

In Frankreich ist diese Gewürzmischung in den größeren Supermärkten erhältlich, bei uns findet man sie mitunter in türkischen Geschäften, in Supermärkten mit umfangreichem Gewürzsortiment, in Naturkost- und speziellen Gewürzläden sowie im Versandhandel.

Crème fraîche

Crème fraîche ist ein aus Kuhmilch hergestelltes Sauerrahmprodukt, das einen Mindestfettgehalt von 30 Prozent aufweisen muss. Zu ihrer Herstellung wird Rahm nur leicht mit Milchsäurebakterien versetzt. In den nachfolgenden 18 bis 40 Stunden reift die Crème fraîche in großen Tanks bei einer Durchschnittstemperatur von 20 bis 40 °C heran, wobei die Milchsäurebakterien den Milchzucker zu Milchsäure umwandeln. Durch die schonende Verarbeitung erhält die Crème fraîche ihren feinen, leicht säuerlichen Geschmack und ihre dickflüssige Konsistenz. Sie wird gerne zur Verfeinerung von Suppen und Saucen verwendet, denn sie flockt im Gegensatz zu flüssiger Sahne bei Zugabe in heiße Speisen nicht aus.

Besonders hochwertig ist die in dem Städtchen Isigny (Normandie) hergestellte *Crème fraîche d'Isigny*, die als einzige Crème fraîche das A.O.C.-Gütesiegel tragen darf und durch ihren Fettgehalt von 40 Prozent besonders ergiebig ist.

Französischer Speisequark

Fromage blanc

Fromage blanc zählt zu den Frischkäsesorten und entspricht in etwa dem deutschen Speisequark. Bei der industriellen Herstellung wird pasteurisierte Milch durch die Zugabe von flüssigem Lab und Milchsäurebakterien zum Eindicken gebracht, anschließend wird der Quark von der Molke getrennt. Danach wird die Quarkmasse kräftig durchgerührt, wodurch Fromage blanc sehr cremig ist und die Konsistenz einer lockeren Mousse hat. Der Fettgehalt der verwendeten Milch (entrahmt, teilentrahmt oder Vollmilch) bestimmt den Fettgehalt des fertigen Quarkproduktes. Fromage blanc gibt es mit 8 Prozent, 3 Prozent und schlanken 0 Prozent Fett absolut, das heißt auf das Gesamtprodukt bezogen (nicht auf die Trockenmasse). Manche Hersteller rühren noch Sahne oder Crème fraîche unter die fertige Quarkmasse, wodurch der Fromage blanc noch mehr Fett aufweist und besonders cremig ist.

Hierzulande gibt es den französischen Speisequark bislang nicht zu kaufen. Man kann ihn ersetzen, indem man zwei Teile Speisequark mit einem Teil Naturjoghurt oder Crème fraîche verrührt. Wem das zu umständlich ist, der verwendet Speisequark mit einem Fettgehalt von 20 oder 40 Prozent in der Trockenmasse.

Kichererbsen

Pois chiches

Die Kichererbse ist eine der ältesten Kulturpflanzen. Sie gehört zur Familie der Schmetterlingsblütler und wird den Hülsenfrüchten zugeordnet.

In der französischen Küche werden die getrockneten Samen der Kichererbse vor allem in gemahlenem oder gekochtem Zustand verwendet. Vor dem Kochen müssen die getrockneten Kichererbsensamen mindestens zwölf Stunden kalt eingeweicht werden. Danach das Einweichwasser wegschütten und zum Kochen frisches Wasser verwenden, da rohe Kichererbsen giftige Stoffe enthalten.

Weil die Kochzeit mit gut 90 Minuten sehr lang ist, werden Kichererbsen auch fertig gekocht in Glas oder Dose angeboten. Sie können aber auch gut auf Vorrat gekocht werden. In einem verschließbaren Gefäß im Kühlschrank halten sich gekochte Kichererbsen etwa vier Tage.

Aus den geschälten, halbierten und schonend gerösteten Kichererbsensamen wird ein feines, leicht nussig schmeckendes Mehl hergestellt. Kichererbsenmehl kann zum Binden von kalten und warmen Speisen verwendet werden.

Kräuter der Provence

Herbes de Provence

Die südfranzösische Küche ist mit ihrer Vielfalt an Geschmacksrichtungen ohne die Kräuter der Provence undenkbar. Diese Kräutermischung besteht aus den Kräutern, die in der Provence wild gedeihen, also aus Thymian, Rosmarin, Lorbeer, Bohnenkraut oder Majoran. Sie können den Gerichten als frische Kräuter beigegeben werden, wobei die Menge und Zusammensetzung nach persönlichem Geschmack dosiert wird.

Die klassische Gewürzmischung der Kräuter der Provence besteht jedoch aus getrockneten und zerkleinerten Kräutern. Je nach Hersteller unterscheiden sich die Anteile der einzelnen Kräuter deutlich. Neben den fünf oben genannten Hauptkräutern werden manchmal noch Anis, Basilikum, Fenchel, Estragon, Kerbel, Lavendel, Liebstöckel, Oregano, Salbei und Wacholder in kleineren Mengen zugefügt. Es empfiehlt sich, verschiedene Mischungen auszuprobieren, um den persönlichen Favoriten herauszufinden.

Die getrockneten Kräuter müssen im Gegensatz zu frischen Kräutern länger mit den Speisen gegart werden, um ihr volles Aroma entfalten zu können.

Linsen

Lentilles

Die schmackhaften, gesunden und gerade in der vegetarischen Küche sehr beliebten Linsen werden nicht nur in Vorderasien und Indien, sondern auch mitten in Frankreich angebaut. Bei uns sind die französischen Linsenspezialitäten inzwischen in den meisten gut sortierten Supermärkten und in Naturkostläden vorrätig. Folgende Sorten werden angeboten:

- Grüne Du-Puy-Linsen aus der Auvergne *(Lentilles vertes du Puy).* Auf den Hochplateaus von Puy-en-Velay in der Vulkanlandschaft der südöstlichen Auvergne gedeihen trotz der für den Linsenanbau nicht unproblematischen klimatischen Verhältnisse die grünblau gesprenkelten Puy-Linsen. Sie haben eine feste Konsistenz, ein feines Aroma und einen leicht süßlichen Geschmack. Man verwendet sie für Pürees, Bratlinge, Pasteten, in Aufläufen und Salaten.

- Grüne Linsen aus dem Berry *(Lentilles vertes du Berry)*. Zwischen Bourges und Châteauroux in Zentralfrankreich wird eine weitere Sorte grüner Linsen angebaut. Sie sind wegen ihres feinen Aromas und des ein wenig an Kastanien erinnernden Geschmacks sehr beliebt und werden ähnlich wie die grünen Puy-Linsen verwendet.
- Original Champagne-Linsen *(Lentillon rosé de Champagne)*. Die kleinen, rötlich braunen Edellinsen aus der Champagne werden wegen ihres feinen Aromas geschätzt. Da sie beim Kochen nur langsam zerfallen und lange bissfest bleiben, eignen sie sich besonders gut für Salate, aber auch für delikate Bratlinge.

Maronen, Esskastanien

Châtaignes

Die Edel- bzw. Esskastanie gehört botanisch zu den Buchengewächsen und war ursprünglich in Kleinasien heimisch. Im Laufe der Jahrhunderte breitete sich die schmackhafte und nahrhafte Frucht vom Kaukasus bis nach Portugal in Regionen mit mildem Klima aus. Die Römer führten die ersten Esskastanienbäume nach Südfrankreich ein. Dort gediehen die »Brotbäume« *(pain de la forêt)* in den sommertrockenen Regionen mit frostarmen Wintern in üppiger Fülle, sodass die Maronen als »Kartoffel des Südens« oder »Fleisch des armen Mannes« bezeichnet wurden. Noch heute befinden sich ausgedehnte Kastanienwälder in den Cevennen, auf Korsika, an der Ardèche und im Périgord.

Die gegarte Frucht wird in Frankreich in viele Speisen integriert, aus ihrem Mehl backt man Brot und Kuchen. Püriert wird sie zu Suppen und Süßspeisen verarbeitet.

Maronen werden zwischen September und Oktober geerntet und sollten nach dem Kauf schnell verbraucht werden. Dazu die Früchte entweder in kochendem Wasser oder in einer gusseisernen Pfanne garen. Für die schnelle Küche oder für die Verwendung außerhalb der beiden Erntemonate eignen sich vorgegarte und vakuumverpackte oder in Gläser abgefüllte Maronen in Bio-Qualität.

Meersalz

Sel marin

In Frankreich wird zum Kochen und Würzen gern Meersalz verwendet; was nicht verwundert, wenn man bedenkt, dass schon seit mehr als tausend Jahren an den heimischen Küsten Salz geerntet wird. Heute konzentriert sich die Salzgewinnung auf drei Gebiete: Bei der Halbinsel Guérande in der südlichen Bretagne liegt das größte heute noch bewirtschaftete Salinengebiet. Weitere Salinen befinden sich auf der südlich der Loiremündung gelegenen Halbinsel Noirmoutier. An der Mittelmeerküste wird in den Salinen der Camargue Salz geschöpft.

Das in Meeressalinen gewonnene Salz ist ein Naturprodukt, das traditionell von Hand geerntet wird. Nur so bleiben sein ganzer Reichtum an Mineralstoffen und Spurenelementen und der einzigartige würzige Geschmack erhalten.

Man unterscheidet zwei Typen von Meersalz: das grobe *Gros sel* und das feine *Fleur de sel.* Die »Blume des Salzes« ist der Teil des Salzes, der sich in winzigen Salzkristallen an der Wasseroberfläche absetzt und mit viel Fingerspitzengefühl geerntet wird. Selbst in guten Sommern macht dieses strahlend weiße Meersalz nur vier Prozent der Gesamternte aus und ist entsprechend teuer. *Fleur de sel* wird vorwiegend zum Würzen von rohen Speisen verwendet und sollte beim Kochen erst am Ende zugegeben werden.

Gros sel ist meistens noch etwas feucht und hat eine leicht graue Färbung. Sein würziger Geschmack gibt Suppen, Eintöpfen und Saucen eine besondere Note und bereichert das Kochwasser von Gemüse, Nudeln oder Reis. Grobes wie feines Meersalz gibt es in großer Auswahl im Reformhaus und im Naturkostladen. Auch gut sortierte Supermärkte führen es bei den klassischen Gewürzzutaten.

Olivenöl

Huile d'olive

Von den fünf Olivenöl produzierenden Ländern der Europäischen Union (Spanien, Griechenland, Italien, Portugal, Frankreich) bildet Frankreich, was die jährlich produzierte Menge betrifft, zwar das Schlusslicht, kann aber in Bezug auf Qualität und Geschmack mit exzellenten Produkten auftrumpfen. Führend dabei ist die Provence, wo mit die besten Öle der Welt hergestellt werden.

Seit dem Beginn der Neunzigerjahre hat sich mit der *Appellation d'Origine Contrôlée* ein Qualitätsstandard durchgesetzt, mit dem die folgenden Olivenöle ausgezeichnet worden sind:

- Huile d'olive de Nyons
- Huile d'olive de la Vallée des Baux de Provence
- Huile d'olive d'Aix-en-Provence
- Huile d'olive de Haute-Provence
- Huile d'olive de Provence
- Huile d'olive de Nice
- Huile d'olive de Nîmes
- Huile d'olive de Corse

Im Jahr 2006 wurde die Bezeichnung A.O.C aufgrund einer europäischen Verordnung durch die Bezeichnung A.O.P *(Appellation d'Origine Protégée)* abgelöst. Sie garantiert, dass die so ausgezeichneten Öle in einem bestimmten geografischen Gebiet nach einem anerkannten und festgelegten Verfahren erzeugt und hergestellt wurden.

Französische Olivenöle machen sich bei uns noch rar. Deshalb empfiehlt es sich, von der nächsten Reise nach Frankreich einen kleinen Vorrat mitzubringen. Viele der im südfranzösischen Raum verteilten Ölmühlen sowie die Olivenbauern *(producteurs d'olives)* selbst können sogar direkt besucht werden.

Bei uns hat man in Feinkostläden, die sich auf südländische Produkte spezialisiert haben, in einigen Weinhäusern und in gut sortierten Naturkostfachgeschäften die besten Chancen, Olivenöl aus Frankreich zu beziehen. Eine gute Quelle ist natürlich auch der Versandhandel.

Senf

Moutarde

Dijon, die Hauptstadt des Burgund, ist seit der Mitte des 17. Jahrhunderts das französische Zentrum der Senfproduktion. Seit 1937 garantiert ein Gütesiegel die spezielle Rezeptur, nach der der *Moutarde de Dijon* hergestellt wird.

Bei dem klassischen »Dijon-Senf« *(Moutarde de Dijon)* handelt es sich um einen hellen, scharfen Senf mit Weißweingeschmack, der vielen Gerichten eine pikante Schärfe verleiht.

Der grobkörnige »Senf nach altfranzösischer Art« *(Moutarde a l'ancienne)* enthält noch ganze Senfkörner und ist deshalb körniger. Vom Geschmack her ist er etwas würziger und milder als der Dijon-Senf.

Der »Senf nach Art der Provence« *(Moutarde provençale)* wird mit Knoblauch, rotem Paprika, Weißwein und Kräutern angereichert und gibt vielen mediterranen Gerichten den letzten Schliff.

Alle oben genannten Sorten sind in den meisten Naturkostläden und in gut sortierten Supermärkten erhältlich.

Hinweise zu den Rezepten

So weit nicht anders angegeben, sind die Rezepte für vier Personen berechnet. Eine Ausnahme hiervon bilden die Tartes, die für eine handelsübliche Springform oder eine französische Tarteform mit 28 Zentimeter beziehungsweise 27 Zentimeter Durchmesser ausgelegt sind.

Verwendete Abkürzungen:

EL = Esslöffel
TL = Teelöffel
MSP = Messerspitze
Esslöffel und Teelöffel sind beim Messen gestrichen gefüllt.

Menge der Gewürze

Die Angaben zu den Mengen der verwendeten Gewürze und Kräuter, des verwendeten Knoblauchs und der verwendeten Zwiebeln sind Durchschnittswerte. Prüfen Sie bitte im Einzelfall, was Ihnen schmeckt und bekommt und wie viel Sie davon verwenden möchten.

Ich empfehle in den Rezepten grobes und feines Meersalz. Selbstverständlich steht es Ihnen frei, anderes Speisesalz zu verwenden. Bitte dosieren Sie in diesem Fall vorsichtig und würzen Sie lieber nach.

Zu den Backtemperaturen

Alle angegebenen Backtemperaturen gelten, sofern nicht anders angegeben, für Elektroöfen mit Umluftfunktion. Bei Gasbacköfen oder Elektroöfen ohne Umluft bitte die Angaben des Herstellers beachten und die entsprechende Temperatur aus der Bedienungsanleitung entnehmen und anpassen.

Bei Angabe der Garzeiten wird von einem vorgeheizten Backofen ausgegangen.

Alkohol zum Kochen

In einigen Rezepten werden Wein oder andere alkoholische Getränke zum Verfeinern verwendet. So weit möglich habe ich in diesen Fällen alkoholfreie Alternativen angegeben.

Best Western

Kalte Vorspeisen

Entrées froides

Auberginenkaviar

Caviar d'aubergines

2 mittelgroße Auberginen
2 Fleischtomaten
3 Schalotten
2 – 3 Knoblauchzehen
20 schwarze Oliven
1 EL fein gehackter Oregano
4 EL Olivenöl
Meersalz
1 – 2 MSP gemahlener roter Pfeffer
(vorzugsweise Piment d'Espelette aus dem Baskenland)

- Die Auberginen kurz abbrausen und trocken tupfen, dann mit einer Gabel mehrmals in die Haut einstechen. Im Backofen bei 200 °C etwa 20 Minuten garen, bis sie weich sind.
- Die Auberginen in ein feuchtes Geschirrtuch einschlagen und etwas abkühlen lassen.
- In der Zwischenzeit die Tomaten mit kochend heißem Wasser überbrühen, kurz abschrecken und enthäuten. Das Fruchtfleisch fein würfeln.
- Die Schalotten und Knoblauchzehen schälen und sehr fein hacken, die Oliven entsteinen und ebenfalls sehr fein hacken.
- Die Häute von den Auberginen abziehen, die Kernstränge entfernen und das Fruchtfleisch sehr fein hacken. Vorsichtig mit den Tomaten, Schalotten, Knoblauchzehen, Oliven, dem Oregano und Öl vermischen. Mit Meersalz und rotem Pfeffer herzhaft abschmecken.
- Den Auberginenkaviar etwa 30 Minuten abgedeckt im Kühlschrank ziehen lassen und danach mit Baguette oder geröstetem Knoblauchbrot (siehe Seite 60) servieren.

Artischocken mit Vinaigrette

Artichauts à la vinaigrette

4 große Artischocken
frisch gepresster Saft einer Zitrone
Meersalz
4 EL Weißweinessig

Für die Vinaigrette:
½ Bund glatte Petersilie
½ Bund Schnittlauch
1 Schalotte
2 EL fein gehacktes Basilikum
2 TL mittelscharfer Senf
1 TL scharfer Dijon-Senf (Moutarde de Dijon)
1 EL Himbeeressig
1 EL Apfelessig
1 – 2 TL Roh-Rohrzucker oder Honig
100 ml Wasser
5 EL Sonnenblumenöl
5 EL Olivenöl
Meersalz
frisch gemahlener schwarzer Pfeffer

- ❒ Von den Artischocken Stiele und Spitzen abschneiden. Mit einer Schere die äußeren, harten Blütenblätter entfernen, sodass die zarten Innenblätter zum Vorschein kommen. Von den anderen Blättern die Spitzen abschneiden. Vom Artischockenboden ausgehend das struppige »Heu« mit einem Messer oder scharfkantigen Löffel herauslösen, sodass ein Hohlraum entsteht.
- ❒ Die Schnittstellen sofort mit Zitronensaft einreiben, um Verfärbungen zu vermeiden.
- ❒ Die Artischocken in leicht gesalzenem und mit dem Essig vermischten Wasser etwa 30 Minuten bissfest garen. Die Artischocken sind gar, wenn sich die Blätter leicht abzupfen lassen.
- ❒ Die Artischocken in einen Durchschlag geben und abkühlen lassen.
- ❒ Für die **Vinaigrette** die Petersilie fein hacken, den Schnittlauch in feine Röllchen schneiden.
- ❒ Die Schalotte schälen und sehr fein würfeln.

- Die Schalotte sowie die fein gehackten Kräuter mit dem Senf, Essig, Zucker und Wasser verrühren.
- Nach und nach das Öl dazugeben und so lange rühren, bis die Vinaigrette cremig ist. Mit Salz und Pfeffer abschmecken.
- Zum Essen die Artischockenblätter Blatt für Blatt abziehen, die fleischigen Enden in die Vinaigrette tunken und auslutschen. Zum Schluss den Artischockenboden mit Vinaigrette beträufeln und als kulinarisches »Herzstück« verzehren.

Bibbeleskäs nach Elsässer Art

Fromage blanc à l'Alsacienne

½ Bund Schnittlauch
½ Bund Petersilie
½ Bund Kerbel
1 Handvoll Sauerampfer
oder andere Gartenkräuter nach Saison
1 mittelgroße Zwiebel
1 Knoblauchzehe
500 g Fromage blanc (mit hohem Fettgehalt),
ersatzweise Speisequark (40 % Fett)
200 g Crème fraîche
Meersalz
frisch gemahlener schwarzer Pfeffer

- Die Kräuter abbrausen, trocken tupfen und fein hacken.
- Die Zwiebel und den Knoblauch schälen und sehr fein hacken.
- Die Kräuter, Zwiebel und den Knoblauch mit dem Fromage blanc und der Crème fraîche verrühren.
- Herzhaft mit Salz und Pfeffer abschmecken.

- *Zu knusprigem Holzofenbrot oder auch zu Pellkartoffeln servieren.*

Eingelegter Fenchel

Confit de fenouil

2 mittelgroße Fenchelknollen
2 Knoblauchzehen
3 – 4 EL Olivenöl
2 EL frisch gepresster Zitronensaft
2 – 3 MSP fein abgeriebene Zitronenschale
1 TL Meersalz
1 TL fein gehackter Thymian
2 EL fein gehacktes Basilikum
frisch gemahlener weißer Pfeffer
Meersalz
Olivenöl für die Töpfchen oder Schälchen

- Den Fenchel waschen, die Stiele und die harten Strünke entfernen, dann mittelfein würfeln. Den Knoblauch schälen und fein hacken.
- Das Olivenöl erhitzen und den Knoblauch darin kurz anschwitzen. Die Fenchelwürfel hinzufügen und ebenfalls kurz anschwitzen, dann die Temperatur etwas reduzieren.
- Den Zitronensaft, die Zitronenschale und das Salz zu dem Fenchel geben. Unter gelegentlichem Rühren so lange schmoren, bis der Fenchel bissfest gegart ist.
- Den Thymian und das Basilikum unterrühren. Mit Pfeffer und, falls notwendig, mit noch etwas Salz abschmecken.
- Den Fenchel-Confit in kleine Tontöpfe oder Glasschälchen geben und etwa halb fingerdick mit Olivenöl bedecken.
- Eine Nacht im Kühlschrank ziehen lassen und mit knusprigem Baguette oder geröstetem Knoblauchbrot servieren.
- Im Kühlschrank hält sich der Fenchel-Confit etwa eine Woche.

»Gebadetes Brot« aus Nizza

Pan bagnat

Für die Füllung:
200 g grüne Bohnen
Meersalz
4 hart gekochte Eier
4 Tomaten
4 Frühlingszwiebeln
2 rote Paprikaschoten
2 Stangen Staudensellerie
½ Salatgurke
100 g schwarze Oliven
4 EL fein gehackte glatte Petersilie
2 EL fein gehacktes Basilikum
2 EL fein gehackter Schnittlauch
6 EL Olivenöl (60 ml)
2 – 3 EL Rotweinessig
frisch gemahlener schwarzer Pfeffer

Für das »gebadete« Brot:
4 kleine, runde Pan-bagnat-Brote, ersatzweise 2 Baguettes (à 250 g)
4 Knoblauchzehen
8 EL Olivenöl (80 ml)
8 Salatblätter

- Für die **Füllung** die grünen Bohnen in etwas Salzwasser garen, bis sie weich, aber noch bissfest sind. Mit kaltem Wasser abschrecken und gut abtropfen lassen.
- Die gepellten Eier, Tomaten und Frühlingszwiebeln in Scheiben, die Paprika in feine Streifen schneiden.
- Den Staudensellerie würfeln und die Salatgurke in feine Scheibchen hobeln. Die Oliven entsteinen und grob hacken. Mit den Bohnen und dem anderen Gemüse in eine Salatschüssel geben. Die fein gehackten Kräuter darüberstreuen.
- Aus Öl und Essig eine Salatsauce anrühren, mit Salz und Pfeffer abschmecken und über das Gemüse träufeln. Gut vermischen und etwa 15 Minuten ziehen lassen.

- Für das **»gebadete« Brot** die Brote waagrecht aufschneiden. Die Knoblauchzehen schälen, der Länge nach halbieren und die Brothälften damit kräftig einreiben. Danach jede Brothälfte mit 1 EL Olivenöl beträufeln.
- Auf jede der unteren Brothälften zwei Salatblätter geben, eine Portion Bohnensalat und jeweils ein in Scheiben geschnittenes Ei darauf verteilen.
- Das Brot zusammenklappen und sofort servieren.

Pan bagnat ist ein Begriff aus dem Dialekt, den man in Nizza und Umgebung spricht, und bedeutet auf Französisch Pain mouillé, also ein in Olivenöl »gebadetes« Brot. Die Zutaten entsprechen denen des ebenso bekannten Nizza-Salates (Salade niçoise), nur dass beim Pan bagnat die Salatschüssel in Form eines runden Brotes gleich mitgeliefert wird.
Früher war der Pan bagnat der klassische Morgenimbiss der Fischer und Hafenarbeiter, heute ist er sowohl bei den Einwohnern von Nizza als auch bei den Touristen gleichermaßen beliebt. Aus diesem Grund gibt es in der Stadt unzählige Bäckereien und Imbissstände, an denen das gefüllte Brot angeboten wird.

Lauwarmer Linsensalat mit Austernpilzen und Walnüssen

Salade de lentillons aux pleurotes en forme d'huître et aux noix

250 g Champagne-Linsen (Lentillon rosé de Champagne)
1 MSP feines Meersalz
200 g Austernpilze
1 Knoblauchzehe
1 Schalotte
2 EL Butter oder Rapsöl
100 g grob gehackte Walnusskerne
2 EL fein gehackte krause Petersilie
1 EL fein gehackter Estragon
1 EL fein gehackter Kerbel
Meersalz
frisch gemahlener schwarzer Pfeffer

Für die Vinaigrette:
3 EL milde Sojasauce
2 EL Rotweinessig
4 EL Wasser
1 TL flüssiger Honig oder Agavendicksaft
3 EL Walnussöl
1 EL Rapsöl
frisch gemahlener schwarzer Pfeffer

16 große Chicoréeblätter

- Die Linsen in reichlich Wasser bissfest kochen, erst kurz vor Ende der Kochzeit das Salz hinzufügen. In einen Durchschlag geben, gut abtropfen lassen, dann zurück in den Topf füllen und den Deckel auflegen, damit die Linsen warm bleiben.
- In der Zwischenzeit die Austernpilze mit feuchtem Küchenpapier säubern, die Stiele abschneiden und die Pilzhüte würfeln.
- Die Knoblauchzehe und Schalotte schälen, fein hacken und in einer Pfanne in der Butter oder im Öl anschwitzen. Die Pilze dazugeben und ebenfalls kurz anschwitzen. Die Walnüsse und die Kräuter unterrühren, mit Salz und Pfeffer abschmecken. Den Herd abschalten, aber die Pfanne auf der warmen Kochplatte behalten.

- Für die **Vinaigrette** die Sojasauce mit Rotweinessig, Wasser und Honig oder Agavendicksaft verrühren. Das Öl untermischen und kräftig mit Pfeffer würzen.
- Pro Portion vier Chicoréeblätter sternförmig auf einem Teller platzieren.
- Die Linsen portionsweise darauf verteilen und mit zwei Dritteln der Vinaigrette beträufeln.
- Die Austernpilze auf die Linsen geben, den Rest der Vinaigrette darüber verteilen.

Geröstetes Knoblauchbaguette

Baguette rôtie à l'ail

1 Baguette (à 250 g)
5 – 6 EL Olivenöl
2 große Knoblauchzehen
feines Meersalz, am besten Fleur de sel

- Das Baguette in etwa ein Zentimeter dicke Scheiben schneiden und mit dem Olivenöl bepinseln.
- Das Baguette im Backofen bei 180 °C goldbraun rösten. Aus dem Ofen nehmen und ein wenig abkühlen lassen.
- Die Knoblauchzehen schälen, längs halbieren und ein- bis zweimal mit der Schnittfläche kräftig über die Brotoberfläche reiben.
- Die Brotscheiben mit einem Hauch von Salz bestreuen und servieren.

- *Das geröstete Knoblauchbaguette schmeckt pur zum Knabbern, aber auch als Beilage zu Salaten und Suppen, zu Tapenade (siehe Seiten 103 und 104), Auberginenkaviar (siehe Seite 51) oder Aïoli (siehe Seiten 100 und 101).*

Tartar aus Roter Bete mit angemachtem Ziegenkäse

Tartare de betteraves rouges au fromage de chèvre

4 kleine Rote Beten
4 Handvoll Feldsalat oder Friséesalat
1 Bund glatte Petersilie
16 dünne Scheiben Ziegenweichkäse von einer Ziegenkäserolle (etwa 200 g)
frisch gemahlener schwarzer Pfeffer
16 TL Olivenöl (etwa 80 ml)
1 kleine rote Zwiebel
4 TL eingelegte Kapern
2 EL Rotweinessig
4 EL Mayonnaise
3 TL Senf nach altfranzösischer Art (Moutarde à l'ancienne)
1 TL Roh-Rohrzucker
Meersalz
8 EL grob gehackte Walnusskerne

- Die Roten Beten unter kaltem Wasser abbürsten, in Alufolie einschlagen und in eine Auflaufform legen. Die Roten Beten in den nicht vorgeheizten Backofen geben und die Temperatur auf 200 °C einstellen. Etwa 90 Minuten garen (so lange, bis sie weich sind).
- Salat waschen, putzen, trocken schleudern und beiseite legen. Ein paar Blättchen Petersilie zur Dekoration entnehmen, den Rest fein hacken.
- Jeweils vier Scheiben Ziegenkäse auf dem äußeren Rand eines großen Tellers verteilen, mit etwas Pfeffer bestreuen und jede Scheibe mit einem Teelöffel Olivenöl beträufeln. Während der weiteren Zubereitungszeit ziehen lassen.
- Die abgekühlte Rote Bete schälen und fein würfeln.
- Die Zwiebel schälen und sehr fein hacken. Die Kapern ebenfalls fein hacken und mit der Zwiebel, Petersilie, dem Rotweinessig und den Rote-Bete-Würfeln vermischen. Die angemachte Rote Bete dann in zwei Portionen aufteilen.
- Die eine Hälfte der Roten Bete mit der Mayonnaise vermischen. Die zweite Hälfte der Roten Bete mit dem Senf und dem Rohrzucker vermischen.
- Beide Portionen mit Salz und Pfeffer abschmecken.
- Den Feldsalat portionsweise in die Mitte eines jeden Tellers geben. Die angemachte Rote Bete in zwei Häufchen darauf verteilen, mit jeweils zwei Esslöffel Walnusskernen und ein paar Blättchen Petersilie bestreuen und sofort servieren.

Orangensalat mit Salbeicroûtons

Salade d'oranges et croûtons à la sauge

Für die Salbeicroûtons:
1 große Knoblauchzehe
5 – 6 EL Olivenöl (50 – 60 ml)
1 MSP feines Meersalz, am besten Fleur de sel
6 große Blätter Salbei
5 Scheiben Baguette

Für den Salat:
4 Orangen
4 kleine Stangen Staudensellerie
2 kleine Karotten
6 braune Champignons

Für das Dressing:
2 TL Roh-Rohrzucker
2 EL Rotweinessig
4 – 5 EL Olivenöl
1 Knoblauchzehe
Meersalz
frisch gemahlener schwarzer Pfeffer

- ❒ Für die **Salbeicroûtons** die Knoblauchzehe schälen und halbieren. Mit den Schnittflächen der Knoblauchzehe eine Pfanne kräftig ausreiben.
- ❒ Das Öl in der Pfanne erhitzen. Das Salz hinzufügen und mit dem Öl verrühren. Die Salbeiblätter hinzufügen und im Öl langsam ausbraten, bis sie knusprig sind.
- ❒ Die Pfanne vom Herd nehmen und alles 15 Minuten ziehen lassen.
- ❒ Die Salbeiblätter entfernen. Die Pfanne zurück auf den Herd geben und das Öl nochmals erhitzen.
- ❒ Die Baguettescheiben in feine Würfel schneiden, ins heiße Öl geben und von allen Seiten schön knusprig ausbraten.
- ❒ Für den **Salat** die Orangen so weit schälen, dass auch die weißen Häutchen mit entfernt werden. Die Orangen in Spalten zerteilen, falls nötig entkernen und mundgerecht würfeln.

- Den Staudensellerie in dünne Scheiben schneiden. Die Karotten schälen und grob raspeln. Die Champignons mit feuchtem Küchenpapier säubern und in dünne Scheiben schneiden.
- Das Gemüse in eine Salatschüssel geben.
- Für das **Dressing** den Zucker mit dem Essig verrühren. Das Öl hinzufügen und so lange rühren, bis sich der Zucker komplett aufgelöst hat.
- Die geschälte und sehr fein gehackte Knoblauchzehe dazugeben und das Dressing mit Salz und Pfeffer abschmecken.
- Das Dressing zum Salat geben und alles vorsichtig vermischen. Falls notwendig, den Salat mit Salz und Pfeffer nachwürzen.
- Zum Servieren die Salbeicroûtons über den fertig angerichteten Salat streuen.

Warme Vorspeisen

Entrées chaudes

Gefülltes Blätterteiggebäck

Feuilleté au pistou

Für etwa 20 Gebäckstücke:
etwa 280 g frischer Blätterteig (ersatzweise tiefgekühlt und aufgetaut)
Weizenmehl (Type 1050) für die Arbeitsfläche, nach Bedarf
etwas Olivenöl
5 – 6 EL Pistou (siehe Seite 99)
100 g fein geraspelter Hartkäse, z. B. Comté, Cantal oder Emmentaler

- Blätterteig auf der leicht bemehlten oder mit Backpapier ausgelegten Arbeitsfläche ausbreiten.
- Den Blätterteig sehr dünn mit etwas Olivenöl bestreichen, dann eine dünne Schicht Pistou auftragen.
- Den geraspelten Hartkäse darauf verteilen.
- Blätterteig von einer der langen Seiten her aufrollen und die Nahtstelle gut andrücken. Die Blätterteigrolle mit der Nahtstelle nach unten auf die leicht bemehlte Arbeitsfläche oder ein Stück Backpapier legen und in gut ein Zentimeter breite Scheiben schneiden.
- Die Blätterteigscheiben flach auf ein mit Backpapier ausgelegtes Backblech legen. Mit der Klinge eines breiten Messers oder dem Rücken eines Esslöffels etwas andrücken, sodass die Scheiben noch etwas flacher werden.
- Das Blätterteiggebäck im Backofen bei 200 °C etwa 20 Minuten backen, bis es schön gebräunt ist. Noch heiß, frisch aus dem Ofen, oder abgekühlt genießen.

- *Werden Sie kreativ und füllen Sie den Blätterteig doch zur Abwechslung einmal mit ein paar Löffel roter Tapenade (siehe Seite 104) oder schön scharfer Pfefferwürzsauce (siehe Seite 102). Auch beim Hartkäse können Sie nach Lust und Laune kombinieren. Ein schöner Snack zum Apéro!*

Gemüse-Pissaladière mit Oliven

Pissaladière aux légumes et aux olives

300 g Weizenmehl (Type 1050)
Meersalz
150 g Fromage blanc (fettarm), ersatzweise Speisequark (Magerstufe)
etwa 10 EL Olivenöl
50 ml kaltes Wasser
4 weiße Zwiebeln
1 mittelgroßer Zucchino
1 kleine Fenchelknolle
1 kleine Aubergine
frisch gemahlener schwarzer Pfeffer
20 schwarze Oliven
2 EL fein gehackter Thymian

- ❐ Das Mehl mit einem Teelöffel Salz vermischen. In das Mehl eine Mulde drücken, den Fromage blanc und sechs Esslöffel Öl hineingeben und rasch mit dem Mehl vermischen. Nach und nach das kalte Wasser dazugeben, zu einem geschmeidigen Teig verkneten.
- ❐ Den Teig zu einer Kugel formen, in Frischhaltefolie hüllen und mindestens 30 Minuten im Kühlschrank ruhen lassen.
- ❐ Inzwischen die Zwiebeln schälen und in feine Ringe schneiden. Zucchino, Fenchelknolle und Aubergine putzen und in feine Streifen schneiden.
- ❐ Vier Esslöffel Olivenöl in einer hochwandigen Pfanne erhitzen und die Zwiebeln anschwitzen. Nach und nach den Fenchel, die Aubergine und zum Schluss den Zucchino hinzufügen. Unter gelegentlichem Rühren so lange schmoren, bis das Gemüse bissfest gegart ist. Dann herzhaft mit Salz und Pfeffer abschmecken.
- ❐ Den Teig dünn zu einem Rechteck ausrollen und auf ein mit Backpapier ausgelegtes Backblech legen. Die Ränder hochziehen und den Boden mit einer Gabel mehrmals einstechen.
- ❐ Das Gemüse auf den Teig geben, die entsteinten und halbierten Oliven darauf verteilen und mit dem Thymian bestreuen.
- ❐ Im Backofen bei 200 °C 20 bis 25 Minuten backen.
- ❐ Falls gewünscht, noch mit etwas Olivenöl beträufeln und sofort servieren.

Geröstetes Tomatenbaguette mit Ziegenkäse

Baguette rôtie aux tomates et chèvre chaud

8 Scheiben Baguette
1 – 2 Knoblauchzehen
8 TL Olivenöl
8 Mini-Flaschentomaten
8 entsteinte schwarze Oliven
1 kleiner Zweig Rosmarin
Meersalz
frisch gemahlener schwarzer Pfeffer
8 dicke Scheiben Ziegenweichkäse von einer Ziegenkäserolle (insgesamt etwa 120 g)

❐ Die Baguettescheiben im Toaster oder in der trockenen Pfanne rösten.
❐ Die Knoblauchzehen schälen, halbieren und das Brot damit kräftig abreiben.
❐ Jede Baguettescheibe mit einem Teelöffel Olivenöl beträufeln.
❐ Die Tomaten in dünne Scheiben schneiden und das Baguette damit belegen.
❐ Die Oliven in dünne Scheibchen schneiden. Die Rosmarinnadeln vom Zweig abzupfen und fein hacken.
❐ Die Brotscheiben mit dem Rosmarin und den Oliven überstreuen, danach mit Salz und Pfeffer würzen.
❐ Auf jede Baguettescheibe zwei Scheiben Ziegenkäse legen. Im Grill oder im Backofen mit Oberhitze (200 °C) so lange grillen, bis der Käse anfängt, zu verlaufen.
❐ Sofort servieren.

- *Sollten Sie kein Fan von Ziegenkäse sein, können Sie stattdessen Camembert oder Brie, Blauschimmelkäse oder auch einen Hartkäse Ihrer Wahl verwenden.*

Karotten-Nuss-Tarte

Tarte à la carotte et aux noix

Für den Teig:
300 g Weizenmehl (Type 1050)
1 TL Meersalz
50 ml Olivenöl
125 ml kaltes Wasser

Für den Belag:
4 große Karotten
5 EL fein gehackte glatte Petersilie
1 großes Ei
1 EL Weißweinessig
2 MSP frisch geriebene Muskatnuss
3 EL gehackte Walnusskerne
3 EL gehackte Haselnusskerne
Meersalz
frisch gemahlener weißer Pfeffer
Butter oder Öl für die Tarteform
100 g fein geraspelter Hartkäse, z. B. Comté, Mimolette oder Emmentaler

- Für den **Teig** das Mehl mit dem Salz verrühren.
- In der Mitte des Mehls eine Mulde ausformen, das Öl hineingeben und alles rasch vermischen. Nach und nach das Wasser dazugeben und alles zu einem geschmeidigen Teig verkneten.
- Den Teig zu einer Kugel ausformen, in Frischhaltefolie hüllen und 45 Minuten im Kühlschrank ruhen lassen.
- Für den **Belag** die Karotten schälen und grob raspeln.
- Mit der Petersilie, dem Ei, Essig, der Muskatnuss und den Nüssen vermischen. Herzhaft mit Salz und Pfeffer abschmecken.
- Eine gut gefettete Tarte- oder Springform mit dem Teig auskleiden und einen etwa drei Zentimeter hohen Rand ausformen. Den Teig im Backofen bei 200 °C zehn Minuten vorbacken.
- Die Karottenmasse auf dem Teig verteilen und glatt streichen. Mit dem geraspelten Käse bestreuen.
- Die Tarte bei 180 °C etwa 30 Minuten weiterbacken, bis der Käse leicht gebräunt ist.

Tomaten-Senf-Tarte mit Ziegenkäsekruste

Tarte à la tomate et à la moutarde et au chèvre

½ Bund Basilikum
1 kleiner Zweig Rosmarin
etwa 250 g frischer Blätterteig (ersatzweise tiefgekühlt und aufgetaut)
3 EL Senf nach altfranzösischer Art (Moutarde à l'ancienne)
4 Tomaten
150 g Ziegenweichkäse von einer Ziegenkäserolle
frisch gemahlener schwarzer Pfeffer
3 EL Olivenöl

- ❒ Das Basilikum kurz abbrausen, trocken tupfen und fein hacken. Die Rosmarinnadeln vom Zweig abzupfen und ebenfalls fein hacken.
- ❒ Eine halbhohe Tarteform mit Backpapier ausschlagen und den Blätterteig darauf ausbreiten. Die Ränder etwas einschlagen und zusammendrücken.
- ❒ Den Senf gleichmäßig auf den Blätterteig streichen.
- ❒ Die Tomaten in dünne Scheiben schneiden und auf der Senfschicht verteilen. Mit Basilikum und Rosmarin überstreuen.
- ❒ Den Ziegenkäse in dünne Scheiben schneiden und auf den Tomaten verteilen. Mit etwas Pfeffer würzen und mit dem Olivenöl beträufeln.
- ❒ Im Backofen bei 200 °C etwa 25 Minuten backen, bis der Ziegenkäse leicht gebräunt ist.

Provenzalisches Minifladenbrot

Mini Fougasse provençale

Für den Vorteig:
125 ml lauwarmes Wasser
1 Päckchen Trockenhefe
100 g Weizenmehl (Type 1050)

Für den Hefeteig:
400 g Weizenmehl (Type 1050)
1 TL Meersalz
2 EL Olivenöl
150 – 160 ml lauwarmes Wasser
Mehl für die Arbeitsplatte

Für den Belag:
20 entsteinte schwarze Oliven
2 Knoblauchzehen
8 TL Olivenöl
8 TL getrocknete Kräuter der Provence
Meersalz zum Bestreuen

- ❒ Für den **Vorteig** das Wasser in eine Tasse gießen. Die Hefe einrieseln lassen und so lange rühren, bis sie sich komplett aufgelöst hat.
- ❒ Das Mehl in eine Schüssel geben, in der Mitte eine Mulde ausformen und die angerührte Hefe hineingeben. Von der Mitte aus verrühren, bis ein flüssiger Teig entstanden ist. Die Schüssel mit einem Geschirrtuch abdecken und den Teig an einem warmen Ort 40 Minuten aufgehen lassen. Das Teigvolumen sollte sich dabei etwa verdoppeln.
- ❒ Für den **Hefeteig** das Mehl in eine große Schüssel geben. In der Mitte eine große Mulde ausformen und Salz, Olivenöl und den Vorteig hineingießen. Mit einer Gabel das umgebende Mehl einarbeiten. Wasser langsam und nach Bedarf dazugeben.
- ❒ Den Teig mit bemehlten Händen kneten, bis er locker und elastisch ist. Den Teig zu einer Kugel formen, mit einem Geschirrtuch abdecken und an einem warmen Ort 45 Minuten gehen lassen.
- ❒ In der Zwischenzeit für den **Belag** die Oliven halbieren und in dünne Scheiben schneiden.

- Die Knoblauchzehen schälen und in hauchdünne Scheiben schneiden.
- Die Arbeitsfläche mit etwas Mehl bestreuen. Den Teig in vier gleich große Portionen teilen. Jede Portion auf der gut bemehlten Arbeitsfläche zu einem etwa ein Zentimeter dicken Fladen ausrollen.
- Jeden Minifladen halbseitig mit einem Teelöffel Olivenöl bestreichen.
- Olivenscheiben und den Knoblauch auf den mit Öl bestrichenen Fladenhälften verteilen. Jede der vier mit Füllung belegten Fladenhälften mit einem Teelöffel Kräuter der Provence überstreuen.
- Die freien Teighälften nun über die Füllungen schlagen und die Ränder gut andrücken. Die Fladen auf ein mit Backpapier ausgelegtes Backblech legen. Jeden Fladen mit einem Teelöffel Olivenöl bestreichen und mit einem Teelöffel Kräuter der Provence bestreuen.
- Mit einem scharfen Messer jeden Fladen »fischgrätenförmig« in Abständen von etwa zwei Zentimetern einschneiden, dabei den äußeren Rand nicht beschädigen. Die Einschnitte mit den Fingern etwas auseinanderziehen, damit sie sich beim Backen nicht wieder schließen.
- Die Fladen mit einem Geschirrtuch abdecken und nochmals 20 Minuten ruhen lassen.
- Im Backofen bei 200 °C etwa 15 Minuten backen, bis sich die Oberfläche zu bräunen beginnt.
- Möglichst frisch, das heißt noch heiß servieren.

Die Fougasse ist eine der traditionellen Speisen der Provence und wird frisch aus dem Ofen als Vorspeise mit einem gut gekühlten Rosé genossen. Als Beilage mundet sie zur leichten Sommerküche wie dem Auberginenkaviar von Seite 51, zum Orangensalat mit Salbeicroûtons von Seite 62, zu den gefüllten Zucchini von Seite 158 und zu den Backofentomaten von Seite 154.

Quiche lorraine mit Räuchertofu

Quiche lorraine au tofu fumé

Für den Teig:
60 g Butter
300 g Weizenvollkornmehl
1 TL Meersalz
150 g Fromage blanc (mit mittlerem Fettgehalt), ersatzweise Speisequark (20 % Fett)
etwa 50 ml kaltes Wasser

Für den Belag:
3 große Zwiebeln
3 EL Butter
125 g Räuchertofu
4 Eier
2 MSP frisch geriebene Muskatnuss
4 EL fein gehackte krause Petersilie
4 EL fein gehackter Schnittlauch
2 EL fein gehackter Estragon
2 EL fein gehackter Kerbel
2 EL fein gehackte Kresse
2 EL fein gehackter Sauerampfer
oder die entsprechende Menge Gartenkräuter nach Saison
200 ml Sahne
150 g Crème fraîche
Meersalz
frisch gemahlener schwarzer Pfeffer
Fett für die Form

- Für den **Teig** die Butter zum Schmelzen bringen.
- Das Vollkornmehl mit dem Meersalz in eine Schüssel geben und vermischen. In der Mitte des Mehls eine Mulde ausformen und die geschmolzene Butter hineingießen.
- Den Fromage blanc dazugeben und mit dem Mehl vermischen. Nach und nach das Wasser hinzugeben. Die benötigte Wassermenge richtet sich nach der Beschaffenheit des Mehls. Falls nötig, noch etwas Wasser hinzufügen und alles zu einem geschmeidigen Teig verkneten.

- Den Teig zu einer Kugel formen, in Frischhaltefolie hüllen und eine Stunde im Kühlschrank ruhen lassen.
- In der Zwischenzeit für den **Belag** die Zwiebeln schälen, fein hacken und in der Butter anschwitzen.
- Den Räuchertofu sehr klein würfeln, zu den Zwiebeln geben und unter häufigem Rühren etwas anbräunen lassen. Danach das Zwiebelgemüse ein wenig abkühlen lassen.
- Die Eier mit dem Schneebesen schaumig schlagen, dann die Muskatnuss und die gehackten Kräuter dazugeben.
- Sahne und Crème fraîche unterrühren. Mit Salz und Pfeffer abschmecken.
- Den Teig in eine gefettete Springform geben, gleichmäßig verteilen und einen etwa drei Zentimeter hohen Rand ausformen.
- Zuerst die Zwiebeln mit den Räuchertofuwürfeln darauf verteilen, dann die Eier-Kräuter-Masse.
- Im Backofen bei 200 °C etwa 30 Minuten backen, bis die Oberfläche gebräunt ist.

Wenn die Quiche mit 200 g geraspeltem Emmentaler überstreut wird, rühmt sich nicht mehr Lothringen, sondern das Elsass als ihr Erfinder, sodass aus der Quiche lorraine eine Quiche alsacienne geworden ist.

Überbackener Toast mit Austernpilzen

Croque à la forestière

8 Scheiben Vollkorntoastbrot
4 große Austernpilze
2–3 EL Butter
frisch gemahlener weißer Pfeffer
Meersalz
4 Scheiben Emmentaler, Beaufort oder Comté
4 EL fein gehackte krause Petersilie
4 Scheiben Blauschimmelkäse (z. B. aus Bresse oder der Auvergne)

- Die Brotscheiben im Toaster leicht anrösten.
- Die Austernpilze mit feuchtem Küchenpapier säubern, dann Stiele und Stielansätze entfernen. Die Butter in der Pfanne erhitzen und die Pilze darin anschwitzen. Mit Pfeffer und Salz würzen.
- Vier Scheiben Toastbrot mit dem Hartkäse belegen (die Käsescheiben sollten fast so groß wie der Toast sein).
- Die Austernpilze auf dem Toastbrot verteilen und mit der Petersilie bestreuen.
- Den Blauschimmelkäse darauflegen und mit den verbliebenen Toastscheiben abdecken.
- Im Backofen bei 180 °C backen, bis der Käse anfängt, zu verlaufen. Den Toast mit einem scharfen Messer diagonal halbieren und servieren.

Ein Croque ist die französische Version des klassischen Sandwiches. Das französische Verb »croquer« bedeutet »knacken, krachen, beißen«, was darauf hinweist, dass der Croque immer schön geröstet daherkommt. Am bekanntesten ist der »Croque Monsieur« mit gekochtem Schinken und Käse, doch auch die hier aufgeführte vegetarische Variante lässt es ordentlich »krachen«.

Vegetarische »Schneckenpfännchen« mit Kräuterbutter

»Escargots« végétariens et beurre d'escargot

Für die Kräuterbutter:
1 ½ Bund glatte Petersilie
2 große Knoblauchzehen
1 TL Meersalz
100 g zimmerwarme Butter oder Margarine
1 Spritzer frisch gepresster Zitronensaft
Meersalz
frisch gemahlener weißer Pfeffer

Für 4 vegetarische »Schneckenpfännchen«:
100 g Seitlinge
2 Schalotten
1 – 2 EL Butter oder Rapsöl
1 MSP feines Meersalz
1 MSP frisch gemahlener weißer Pfeffer
Butter oder Öl für die Pfännchen

- Für die **Kräuterbutter** die Petersilie kurz abbrausen, trocken tupfen und fein hacken.
- Die Knoblauchzehen schälen, vierteln, die grünen Keime entfernen und mit dem Meersalz im Mörser zermusen.
- Die gehackte Petersilie dazugeben und ebenfalls zermusen.
- Die Kräutermasse zu der weichen Butter geben und kräftig vermischen, bis die Mischung die typische grüne Färbung angenommen hat. Einen Spritzer Zitronensaft hinzufügen und mit Salz und Pfeffer abschmecken.
- Für die »**Schneckenpfännchen**« Seitlinge mit feuchtem Küchenpapier säubern, die Stielansätze entfernen und sehr fein würfeln. Die Schalotten schälen und ebenfalls fein würfeln. Schalottenwürfel in der Butter anschwitzen, dann die Seitlinge hinzugeben und unter Rühren ebenfalls anschwitzen. Salz und Pfeffer hinzufügen.
- Pfännchen oder feuerfeste Förmchen einfetten, die Pilze darin verteilen.
- Die Pilze mit jeweils gut einem Zentimeter Kräuterbutter bedecken und im Backofen bei 180 °C so lange gratinieren, bis die Butter etwas verdampft und die Oberfläche leicht gebräunt ist.
- Mit knusprigem Baguette und dem Rest der Kräuterbutter servieren.

Zuckerschotentarte mit Camembertkruste

Tarte aux pois gourmands et au camembert

Für den Teig:
60 g Butter
300 g Weizenvollkornmehl
1 TL Meersalz
150 g Fromage blanc (mit mittlerem Fettgehalt), ersatzweise Speisequark (20 % Fett)
etwa 50 ml Wasser

Für den Belag:
1 Zwiebel
2 EL Rapsöl
200 g geputzte Zuckerschoten
150 g frische grüne Erbsen
Wasser nach Bedarf
Meersalz
frisch gemahlener weißer Pfeffer
Fett für die Form

Für die Camembertkruste:
2 Eier
200 g Crème fraîche
1 EL frisch gepresster Zitronensaft
4 EL fein gehackte krause Petersilie
2 EL fein gehackter Kerbel
Meersalz
frisch gemahlener weißer Pfeffer
100 g reifer Camembert

- Für den **Teig** die Butter zum Schmelzen bringen.
- Das Weizenvollkornmehl mit dem Meersalz in eine Schüssel geben und vermischen. In der Mitte des Mehls eine Mulde formen und die geschmolzene Butter hineingießen.
- Den Fromage blanc dazugeben und mit dem Mehl vermischen. Nach und nach das Wasser dazugeben. Falls nötig, noch etwas Wasser hinzufügen und alles zu einem geschmeidigen Teig verkneten.

- Den Teig zu einer Kugel formen, in Frischhaltefolie hüllen und eine Stunde im Kühlschrank ruhen lassen.
- In der Zwischenzeit für den **Belag** die Zwiebel schälen, fein würfeln und im Öl anschwitzen.
- Die Zuckerschoten und die Erbsen dazugeben und unter gelegentlichem Rühren bissfest schmoren. Sollte das Gemüse am Topfboden ansetzen, etwas Wasser hinzufügen. Vom Herd nehmen und mit Salz und Pfeffer abschmecken.
- Den Teig in eine gefettete Springform oder Tarteform geben, gleichmäßig verteilen und einen gut drei Zentimeter hohen Rand ausformen. Im Backofen bei 200 °C zehn Minuten vorbacken.
- Für die **Camembertkruste** die Eier mit der Crème fraîche und dem Zitronensaft verrühren. Die Kräuter dazugeben und mit Salz und Pfeffer abschmecken.
- Den Camembert sehr fein würfeln und unter die Eiermasse ziehen.
- Das Gemüse auf dem Teig verteilen. Die Eiermasse darüberstreichen und die Tarte im Backofen bei 180 °C etwa 30 Minuten backen, bis die Eiermasse gestockt ist.

Suppen und Eintöpfe

Soupes et potages

Chicoréecremesuppe aus der Picardie

Velouté d'Endives

2 Schalotten
2 – 3 EL Butter oder Rapsöl
500 g Chicorée
350 ml Wasser
2 EL Kartoffelstärke
etwas Wasser
2 EL mittelscharfer Senf
2 TL Meersalz
2 – 3 MSP frisch geriebene Muskatnuss
frisch gemahlener schwarzer Pfeffer
250 ml Bier (Helles), ersatzweise alkoholfreies Bier
1 Bund Schnittlauch
200 ml Sahne oder pflanzliche Sahne

- Die Schalotten schälen, fein hacken und in der heißen Butter oder im heißen Öl anschwitzen.
- Den Chicorée kurz abbrausen, der Länge nach halbieren und die bitteren Strünke keilförmig herausschneiden. Danach die Chicoréehälften in Scheiben schneiden.
- Die Chicoréescheiben zu den Schalotten geben, mit dem Wasser übergießen und in etwa 15 Minuten sehr weich kochen.
- Mit dem Pürierstab oder in der Küchenmaschine fein pürieren.
- Die Kartoffelstärke mit etwas Wasser anrühren und zusammen mit dem Senf, dem Salz, der Muskatnuss und dem Pfeffer in die Suppe rühren. Das Bier dazugeben und alles nochmals gut zehn Minuten köcheln lassen.
- In der Zwischenzeit den Schnittlauch kurz abbrausen, trocken tupfen und in Röllchen schneiden.
- Ein paar Röllchen zur Dekoration beiseite legen, den Rest zur Suppe geben. Die Sahne unterrühren und nochmals zwei bis drei Minuten köcheln lassen.
- Dann die Suppe auf Suppenteller verteilen, mit dem Schnittlauch bestreuen und sofort servieren.

Bunter Bohneneintopf aus dem Languedoc

Cassoulet végétarien

200 g getrocknete weiße Bohnen
2 TL Meersalz
2 kleine Pastinaken
3 Karotten
4 mittelgroße Kartoffeln
200 g weiße Champignons
1 Stange Lauch
4 Fleischtomaten
2 Zwiebeln
2 Knoblauchzehen
7 – 8 EL Olivenöl (70 – 80 ml)
2 EL getrocknete Kräuter der Provence
2 Lorbeerblätter
2 Gewürznelken
300 ml trockener Rotwein, ersatzweise Tomatensaft mit 1 – 2 EL Rotweinessig
100 g entsteinte schwarze Oliven
2 TL Meersalz
½ Bund glatte Petersilie
250 g Baguette
½ TL Knoblauchpfeffer oder ⅓ TL gemahlener schwarzer Pfeffer
280 g Tomatenmark
frisch gemahlener schwarzer Pfeffer
etwas Butter oder Öl für die Auflaufform

- ❒ Die Bohnen über Nacht in Wasser einweichen. Mit reichlich frischem Wasser in einen Topf geben und so lange köcheln lassen, bis sie knapp bissfest gegart sind. Kurz vor Ende der Garzeit das Meersalz dazugeben. Die Bohnen in einem Durchschlag unter fließendem Wasser abspülen und gut abtropfen lassen.
- ❒ Die Pastinaken, Karotten und Kartoffeln schälen und in mundgerechte Würfel zerkleinern.
- ❒ Die Champignons mit feuchtem Küchenpapier säubern und vierteln. Den Lauch in feine Ringe schneiden.
- ❒ Die Tomaten mit kochend heißem Wasser überbrühen, kurz abschrecken, enthäuten und das Fruchtfleisch würfeln.

- Die Zwiebeln schälen, halbieren und in feine Halbmonde schneiden. Den Knoblauch schälen, fein hacken und mit den Zwiebeln in drei bis vier Esslöffel Olivenöl anschwitzen. Das Gemüse in der Reihenfolge Lauch, Karotten, Pastinaken und Champignons dazugeben und jeweils kurz anschwitzen.
- Die Kräuter der Provence, Lorbeerblätter und Nelken unterrühren und mit Rotwein oder Tomatensaft ablöschen.
- Die Kartoffeln, gewürfelten Tomaten, Oliven, Bohnen und das Meersalz hinzufügen. Das Gemüse unter gelegentlichem Rühren köcheln lassen, bis es bissfest gegart ist. Falls der Eintopf am Topfboden ansetzt, noch etwas Öl oder Wasser dazugeben.
- In der Zwischenzeit die Petersilie kurz abbrausen, trocken tupfen und fein hacken.
- Das Baguette in Scheiben schneiden und im Backofen oder in der trockenen Pfanne leicht anrösten. Abkühlen lassen. Das Baguette im Mixbehälter der Küchenmaschine fein zerkleinern. Die Brotkrümel in eine Schüssel geben und mit der gehackten Petersilie, vier Esslöffel Olivenöl und dem Knoblauchpfeffer mischen.
- Die Lorbeerblätter und Nelken aus dem Bohneneintopf entfernen und das Tomatenmark unterziehen. Falls der Eintopf zu sämig sein sollte, noch etwas Wasser dazugeben. Mit Pfeffer und, falls nötig, mit noch etwas Salz würzen.
- Den Cassoulet in eine hochwandige, gut gefettete Auflaufform geben und glatt streichen. Mit den Brotkrümeln bestreuen und bei 200 °C etwa 20 bis 25 Minuten im Backofen gratinieren, bis die Kruste schön gebräunt ist.

Der Legende nach wurde der Cassoulet durch Katharina von Medici von Italien nach Frankreich gebracht und erreichte seine kulinarische Blüte in der Region von Toulouse und Carcassonne. Inzwischen gibt es jedoch so viele regionale Rezepte wie Hausfrauen oder Hausmänner, die ihre Lieben an einem kalten Winterabend mit etwas Deftig-Bäuerlichem verwöhnen möchten.

Gemüse-Bouillabaisse

Bouillabaisse végétarienne

600 g Tomaten
½ Bund glatte Petersilie
1 große Zwiebel
3 Knoblauchzehen
2 Stangen Lauch
2 Karotten
2 kleine Fenchelknollen
4 große Kartoffeln
3 – 4 EL Olivenöl
je 1 EL fein gehackter Thymian und fein gehackter Oregano
½ TL Fenchelsamen
2 – 3 Lorbeerblätter
1 l Wasser
frisch gepresster Saft einer kleinen Zitrone
2 Safranfäden (0,2 g)
3 – 4 MSP scharfes Paprikapulver
Meersalz, frisch gemahlener weißer Pfeffer
4 EL Aïoli (siehe Seiten 100 und 101) oder 4 TL Rouille (siehe Seite 102)

- Die Tomaten mit kochend heißem Wasser überbrühen, kurz abschrecken, enthäuten und würfeln. Petersilie kurz abbrausen, trocken tupfen und fein hacken.
- Zwiebel und Knoblauch schälen und fein hacken. Lauch und die geschälten Karotten in feine Ringe schneiden. Fenchel vierteln, die Strünke entfernen und Fenchel würfeln. Die Kartoffeln schälen und in mundgerechte Würfel schneiden.
- Die Zwiebeln und den Knoblauch im Olivenöl anschwitzen. Den Lauch, die Karotten und den Fenchel dazugeben und jeweils kurz anschwitzen.
- Thymian, Oregano, Fenchelsamen und Lorbeerblätter dazugeben und mit dem Wasser aufgießen. Suppe mit geschlossenem Deckel zehn Minuten köcheln lassen. Die Kartoffeln und Tomaten dazugeben und so lange unter gelegentlichem Rühren köcheln lassen, bis das Gemüse weich, aber noch bissfest ist.
- Den Zitronensaft, Safran, Paprikapulver sowie die Hälfte der Petersilie unterrühren und mit Salz und Pfeffer abschmecken. Die Suppe nochmals gründlich erwärmen, aber nicht mehr kochen.
- Die Lorbeerblätter entfernen. Die Suppe mit dem Rest der Petersilie überstreuen und mit Aïoli oder Rouille servieren.

Karottensuppe mit Tomaten und Mandeln

Soupe de carottes et tomates parfumée aux amandes

2 Schalotten
3 Knoblauchzehen
6 EL Olivenöl (60 ml)
1 kg Karotten
650 ml Wasser
400 g Tomaten
1 Bund Basilikum
½ Bund Schnittlauch
frisch gepresster Saft einer halben Zitrone
5 – 6 EL gemahlene Mandeln
Meersalz
frisch gemahlener weißer Pfeffer

- Die Schalotten und den Knoblauch schälen, fein hacken und in zwei Esslöffel Olivenöl anschwitzen.
- Karotten schälen, in Scheiben schneiden und zu den Zwiebeln und dem Knoblauch geben.
- Kurz anschwitzen, dann mit 250 ml Wasser ablöschen. Das Karottengemüse unter gelegentlichem Rühren etwa 20 Minuten köcheln lassen, bis die Karotten ganz weich sind.
- In der Zwischenzeit die Tomaten mit kochend heißem Wasser übergießen, kurz abschrecken, enthäuten und würfeln.
- Basilikum und Schnittlauch kurz abbrausen und trocken tupfen. Von dem Basilikum ein paar Blättchen beiseite legen, den Rest fein hacken.
- Den Schnittlauch in feine Röllchen schneiden.
- Das Karottengemüse mit dem Pürierstab oder in der Küchenmaschine fein pürieren.
- Das restliche Wasser, die Tomatenwürfel, den Zitronensaft, die Kräuter und Mandeln unterrühren.
- Die Suppe nochmals zehn Minuten köcheln lassen und herzhaft mit Salz und Pfeffer abschmecken.
- In Suppenteller füllen und jede Portion mit einem Esslöffel Olivenöl beträufeln und mit ein paar Basilikumblättchen dekorieren.

Lauch-Kartoffel-Suppe mit Apfel-Confit

Velouté de poireaux au confit de pommes

Für die Suppe:
4 Stangen Lauch
4 mittelgroße Kartoffeln
1 kleine Zwiebel
2 EL Butter oder Rapsöl
4 Stängel glatte Petersilie
2 Zweige Thymian
1 großes Lorbeerblatt
500 ml Wasser
gut 500 ml Milch oder Pflanzendrink
Meersalz
frisch gemahlener weißer Pfeffer
½ Bund Schnittlauch

Für das Apfel-Confit:
2 Äpfel
2 EL Butter oder Rapsöl
1 EL Roh-Rohrzucker
2 Knoblauchzehen
Meersalz
frisch gemahlener schwarzer Pfeffer
1 Schnapsglas (20 ml) Calvados
ein paar Blättchen Kerbel oder glatte Petersilie

- ❒ Für die **Suppe** den Lauch waschen, in feine Ringe schneiden und gut abtropfen lassen.
- ❒ Die Kartoffeln schälen und würfeln, die Zwiebel schälen und fein hacken.
- ❒ Die Zwiebel in der Butter oder dem Rapsöl anschwitzen, danach den Lauch zufügen und ebenfalls anschwitzen.
- ❒ Die Kartoffelwürfel dazugeben. Die Petersilienstängel, den Thymian und das Lorbeerblatt mit Küchengarn zusammenbinden und zum Gemüse geben. Mit dem Wasser aufgießen und alles etwa 20 Minuten köcheln lassen, bis das Gemüse weich ist.
- ❒ In der Zwischenzeit für das **Confit** die Äpfel schälen, entkernen und fein würfeln.

- Die Butter in einer kleinen Pfanne zerlassen (oder das Öl erhitzen), den Zucker hinzufügen und unter Rühren auflösen.
- Die Apfelwürfel und den geschälten und sehr fein gehackten Knoblauch dazugeben und zwei Minuten anbraten, dabei die Früchte öfter wenden. Die Temperatur etwas reduzieren und weiterköcheln lassen, bis die Apfelwürfel weich sind, aber noch nicht zerfallen. Mit Salz und Pfeffer abschmecken und warm halten.
- Für die Suppe das Kräutersträußchen entfernen. Das Lauch-Kartoffel-Gemüse mit dem Pürierstab oder im Mixbehälter der Küchenmaschine fein pürieren. Die Milch hinzufügen und die Suppe ein zweites Mal pürieren. Sollte die Suppe anschließend zu sämig sein, noch etwas Milch hinzufügen.
- Mit Salz und Pfeffer abschmecken und die Suppe nochmals gut erwärmen, aber nicht mehr kochen.
- Den Schnittlauch kurz abbrausen, trocken tupfen und in feine Röllchen schneiden. Diese kurz vor dem Servieren unterziehen.
- Das Apfel-Confit noch einmal aufwallen lassen, dann die Pfanne vom Herd nehmen und zum Flambieren auf eine hitzebeständige Unterlage stellen. Den Calvados über die Apfelwürfel geben und anzünden. Die Flamme ausbrennen lassen.
- Die Suppe in Suppenteller füllen, das Apfel-Confit darauf verteilen, mit ein paar Kerbelblättchen oder grob gehackten Petersilienblättchen garnieren und servieren.

Das Apfel-Confit schmeckt natürlich auch ohne das Flambieren. Um ohne den Alkohol einen intensiveren Geschmack zu erreichen, empfiehlt es sich, anstelle des Roh-Rohrzuckers sehr dunklen Waldhonig oder Ahornsirup zu verwenden.

Maronencremesuppe mit Nusscroûtons

Velouté aux châtaignes

2 Schalotten
2 EL Butter oder Rapsöl
4 große Kartoffeln
etwas Wasser
200 g gekochte Maronen (vakuumverpackt oder aus dem Glas)
600 ml Milch oder Pflanzendrink
1 EL fein gehackter Thymian
1 EL fein gehackter Majoran
Meersalz
frisch gemahlener schwarzer Pfeffer
5 Scheiben Baguette
2 – 3 EL Butter oder Rapsöl
5 EL gehackte Walnuss- oder Haselnusskerne
1 MSP feines Meersalz
200 ml Cidre trocken (brut), ersatzweise ungesüßter Apfelsaft mit 1 EL Weißweinessig
4 EL Crème fraîche oder pflanzliche Sahne

- Die Schalotten schälen, fein hacken und in der heißen Butter oder im Öl anschwitzen. Die Kartoffeln schälen und würfeln, zu den Schalotten geben, gut mit Wasser bedecken und weich kochen.
- Die Maronen vierteln und mit der Hälfte der Milch zu den Kartoffeln geben. Nochmals zehn Minuten köcheln lassen.
- Das Kartoffel-Maronen-Gemüse mit dem Pürierstab pürieren. Den Rest der Milch zugießen, nochmals pürieren, dann Thymian und Majoran unterrühren. Mit Salz und Pfeffer abschmecken und gut fünf Minuten köcheln lassen.
- In der Zwischenzeit das Baguette würfeln. Die Butter in einer Pfanne zerlassen und die Baguettewürfel darin von allen Seiten anbräunen. Nüsse und Salz dazugeben und ebenfalls kurz anrösten. Dabei die Pfanne nicht zu lange auf dem Herd halten, da Nüsse schnell zu braun und bitter werden.
- Die Suppe noch einmal kurz aufwallen lassen und vom Herd nehmen. Den Cidre unterrühren (nicht mitkochen!) und die Suppe sofort auf Suppenteller verteilen. Jede Portion mit einem Esslöffel Crème fraîche oder pflanzlicher Sahne garnieren, mit den Nusscroûtons bestreuen und servieren.

Kürbiscremesuppe

Potage au potiron

1 Stange Lauch
3 Karotten
3 – 4 EL Sonnenblumen- oder Rapsöl
1 kg Kürbisfleisch in Würfeln
200 ml Wasser
2 EL fein gehackter Thymian
1 EL fein gehackter Estragon
2 – 3 MSP frisch geriebene Muskatnuss
200 ml Milch oder Pflanzendrink
Meersalz
frisch gemahlener weißer Pfeffer
80 ml Sahne oder pflanzliche Sahne

❒ Den Lauch in dünne Scheiben schneiden, die Karotten schälen und würfeln.
❒ Den Lauch im Öl anschwitzen, dann die Karotten und nach zwei bis drei Minuten auch das Kürbisfleisch dazugeben und alles bei hoher Temperatur unter ständigem Rühren kurz kräftig anbraten.
❒ Mit dem Wasser ablöschen und die Temperatur reduzieren. Das Gemüse mit geschlossenem Deckel und unter gelegentlichem Rühren etwa 30 Minuten köcheln lassen, bis die Kürbiswürfel weich sind.
❒ Das Gemüse mit dem Pürierstab oder im Mixbehälter der Küchenmaschine fein pürieren.
❒ Die Kräuter, Muskatnuss und die Milch dazugeben und unterrühren. Mit Salz und Pfeffer abschmecken.
❒ Falls das Kürbisfleisch sehr mehlig sein sollte und die Suppe zu sämig ist, noch etwas Milch oder Wasser hinzufügen.
❒ Die Suppe nochmals zehn Minuten köcheln lassen. Zum Ende der Kochzeit die Sahne unterrühren und sofort servieren.

Südfranzösische Knoblauchsuppe

Tourin à l'ail

6 – 8 Knoblauchzehen (oder mehr)
6 EL Olivenöl (60 ml)
1 ½ l Wasser
6 große Blätter Salbei
2 Lorbeerblätter
2 Zweige Thymian
1 kleiner Zweig Rosmarin
1 kleiner Zweig Majoran
1 – 2 MSP Weizenmehl (Type 1050)
Meersalz
frisch gemahlener schwarzer Pfeffer
4 große Scheiben Landbrot
4 sehr frische Eier
2 EL Weißweinessig

- ❐ Den Knoblauch schälen, vierteln und die grünen Keime entfernen.
- ❐ Zwei Esslöffel Olivenöl in einem Suppentopf erhitzen und den Knoblauch darin anschwitzen, aber nicht braun werden lassen. Mit dem Wasser ablöschen.
- ❐ Die Salbei- und Lorbeerblätter, Thymian-, Rosmarin- und Majoranzweige mit Küchengarn zusammenbinden und in den Topf geben.
- ❐ Die Suppe kurz zum Kochen bringen, dann die Temperatur reduzieren und unter gelegentlichem Rühren etwa 20 Minuten köcheln lassen, bis der Knoblauch ganz weich ist.
- ❐ Das Kräutersträußchen entfernen und die Suppe mit dem Pürierstab oder im Mixbehälter der Küchenmaschine fein pürieren.
- ❐ Das Mehl unterrühren und nochmals kurz pürieren. Die Suppe herzhaft mit Salz und Pfeffer abschmecken. Dann die Suppe heiß halten, aber nicht mehr kochen.
- ❐ Das Brot auf vier Suppenteller verteilen.
- ❐ Die Eier in einer Schüssel mit vier Esslöffel Olivenöl, dem Weißweinessig und etwas Suppe verrühren.
- ❐ Das Ei-Öl-Gemisch bei laufendem Pürierstab in die heiße Suppe fließen lassen und weitermixen, bis die Suppe gebunden ist.
- ❐ Die Suppe nicht mehr weiterkochen lassen, sondern sofort über das Brot gießen und servieren, weil sonst die Eier gerinnen.

Überbackene Zwiebelsuppe

Soupe à l'oignon à la Parisienne

2 große Zwiebeln
2 EL Butter oder Rapsöl
4 EL Weizenmehl (Type 1050)
2 Lorbeerblätter
1 l Wasser
40 ml Cognac (falls erwünscht)
4 EL Hefeflocken (falls erwünscht)
Meersalz
frisch gemahlener weißer Pfeffer
4 Scheiben Baguette
100 g fein geraspelter Emmentaler oder Comté
4 EL fein gehackte krause Petersilie

- ❒ Die Zwiebeln schälen, fein hacken und in der Butter oder im Öl anschwitzen, aber nicht braun werden lassen. Mit dem Mehl überstäuben und so lange rühren, bis das Mehl gut verteilt ist.
- ❒ Die Lorbeerblätter hinzufügen und mit dem Wasser aufgießen.
- ❒ Die Suppe etwa 25 Minuten unter gelegentlichem Rühren köcheln lassen, bis die Zwiebeln weich sind. Die Lorbeerblätter entfernen.
- ❒ Falls erwünscht, den Cognac und die Hefeflocken unterrühren. Die Suppe herzhaft mit Salz und Pfeffer abschmecken und nochmals fünf Minuten köcheln lassen.
- ❒ In der Zwischenzeit die Baguettescheiben in der trockenen Pfanne rösten.
- ❒ Die Suppe in feuerfeste Suppentassen füllen, die Baguettescheiben vorsichtig darauflegen und mit dem Käse bestreuen.
- ❒ Im Backofen bei 200 °C Oberhitze kurz gratinieren, bis der Käse geschmolzen und leicht gebräunt ist. Mit der Petersilie bestreuen und servieren.

Versuchen Sie doch einmal eine Variante der lecker-würzigen Zwiebelsuppe, die ohne den Käse auskommt: Bereiten Sie dazu die Suppe wie im Rezept beschrieben zu. Rösten Sie die Baguettescheiben in der trockenen Pfanne. Verrühren Sie vier Esslöffel Hefeflocken mit fünf bis sechs Esslöffel Rapsöl und zwei Messerspitzen mildem Paprikapulver. Streichen Sie diese würzige Masse auf die Baguettescheiben. Legen Sie die Baguettescheiben auf die in Suppentassen gefüllte Suppe und gratinieren Sie alles kurz im Backofen.

Saucen und Dips

Sauces froides et chaudes

Angemachte Butterspezialitäten

Beurres composés

Trocken Brot (beziehungsweise Baguette) macht bekanntlich Wangen rot. Noch besser schmeckt das Brot allerdings, wenn es mit feinen Butterspezialitäten bestrichen wird. Einfach zum Dahinschmelzen!

Petersilienbutter

Beurre persillé

1 ½ Bund glatte Petersilie
2 große Knoblauchzehen
1 TL Meersalz
125 g weiche Butter oder Margarine
1 – 2 Spritzer frisch gepresster Zitronensaft
1 – 2 MSP fein abgeriebene Zitronenschale
Meersalz
frisch gemahlener weißer Pfeffer

- Die Petersilie kurz abbrausen, trocken tupfen und grob hacken.
- Die Knoblauchzehen schälen, vierteln, die grünen Keime entfernen und mit dem Meersalz im Mörser zermusen.
- Die gehackte Petersilie dazugeben und ebenfalls zermusen.
- Die Kräutermasse zur weichen Butter geben und gut vermischen.
- Den Zitronensaft und die Zitronenschale hinzufügen und mit Salz und Pfeffer abschmecken.
- Die Petersilienbutter vor dem Servieren 30 Minuten im Kühlschrank ziehen lassen.

Lavendel-Nuss-Butter

Beurre à la lavande et aux noix

1 TL frische oder getrocknete Lavendelblüten
1 knapp gestrichener TL grobes Meersalz
150 g Butter oder Margarine
5 EL gemahlene Haselnüsse
4 EL fein gehackter Schnittlauch
2 EL frisch gepresster Zitronensaft
2 MSP fein abgeriebene Zitronenschale
3–4 MSP frisch gemahlener weißer Pfeffer

- ❐ Die Lavendelblüten mit dem Salz in einen Mörser geben und mit dem Stößel fein zerstoßen.
- ❐ Die Butter zum Schmelzen bringen.
- ❐ Das Lavendelsalz sowie die verbliebenen Zutaten zur Butter geben und alles vorsichtig vermischen.
- ❐ Die Lavendel-Nuss-Butter in ein Schälchen füllen und vor dem Servieren im Kühlschrank wieder fest werden lassen.

- *Anstelle der Haselnüsse können Sie auch gemahlene Mandeln oder gemahlene Pinienkerne verwenden.*

Algenbutter

Beurre d'algues

4 EL getrockneter »Meeressalat« (Mischung aus Dulse, Nori und Meereslattich) oder andere fein gehackte Meeresalgen
200 ml trockener Weißwein, ersatzweise Wasser mit 2 EL Weißweinessig
½ Bund glatte Petersilie
125 g weiche Butter oder Margarine
frisch gepresster Saft einer halben kleinen Zitrone
Meersalz
frisch gemahlener weißer Pfeffer

- Den »Meeressalat« kurz unter fließendem Wasser abspülen, dann zehn Minuten in Wasser einweichen.
- Algen in ein feinmaschiges Sieb geben und etwas abtropfen lassen. Mit dem Weißwein in einem kleinen Topf zum Kochen bringen. Kurz aufwallen lassen, dann vom Herd nehmen und fünf Minuten ziehen lassen.
- Den »Meeressalat« danach in ein Sieb geben und gut abtropfen und abkühlen lassen.
- Die Petersilie kurz abbrausen, trocken tupfen und fein hacken.
- Die Butter mit dem Zitronensaft, der Petersilie sowie den Algen verrühren. Mit Salz und Pfeffer abschmecken.
- Im Kühlschrank mindestens eine Stunde ziehen lassen. Dann auf knuspriges Baguette streichen oder damit zum Beispiel bissfest gekochten Blumenkohl, Brokkoli oder Artischocken (alles Gemüsespezialitäten aus der Bretagne) verfeinern.

Nicht nur in der asiatischen, sondern auch in der französischen Küche werden Meeresalgen als hochwertiges, gesundes Lebensmittel geschätzt. In der Bretagne haben sich ein gutes Dutzend von maritimen Unternehmen auf die Zucht und Ernte von Bio-Algen spezialisiert. In Deutschland sind Algen in Naturkostläden, Reformhäusern und im Versandhandel erhältlich.

Béchamelsauce

Sauce béchamel

250 ml Milch oder Pflanzendrink
2 EL Butter oder Margarine
3 EL Weizenmehl (Type 1050)
1 MSP frisch geriebene Muskatnuss
1 MSP feines Meersalz
1 MSP frisch gemahlener weißer Pfeffer

- Die Milch in einem separaten Topf erhitzen, jedoch nicht kochen.
- Die Butter oder Margarine in einem Saucentopf zum Schmelzen bringen, das Mehl darüberstäuben und schnell umrühren. Die heiße Milch angießen, dabei mit dem Schneebesen ständig rühren, damit sich keine Klümpchen bilden.
- Die Sauce unter häufigem Rühren etwa zehn Minuten köcheln lassen.
- Mit Muskatnuss, Salz und Pfeffer würzen.

Die klassische Béchamelsauce dient als Grundlage für viele weiße, gewürzte Saucen. Je nach Geschmack und Verwendungszweck kann sie durch die Zugabe von folgenden Zutaten verändert werden:

- *Frischkäse*
- *fein geraspelter Hartkäse*
- *fein gewürfelte Champignons*
- *Senf*
- *Sahne oder Crème fraîche*
- *Cognac*
- *Weißwein*
- *hart gekochte, fein gehackte Eier*
- *frische Kräuter*

Birnen-Nuss-Sauce mit mildem Edelpilzkäse

Sauce aux noix, aux poires et au Fourme d'Ambert

100 g Walnusskerne
200 g mild-cremiger Edelpilzkäse, z. B. Fourme d'Ambert
200 g Crème fraîche
2 nicht zu reife Birnen
1 EL Cognac (falls erwünscht)
2 EL fein gehackte krause Petersilie
frisch gemahlener weißer Pfeffer

- ❒ Die Walnüsse grob hacken und in der trockenen Pfanne kurz anrösten. Abkühlen lassen.
- ❒ Den Edelpilzkäse würfeln und mit einer Gabel fein zerkrümeln. Mit der Crème fraîche verrühren.
- ❒ Die Birnen schälen, entkernen und fein würfeln. Zu der Käsemischung geben.
- ❒ Den Cognac, die Petersilie und abgekühlten Walnüsse unterheben und mit Pfeffer abschmecken.
- ❒ Im Kühlschrank etwa 15 Minuten ziehen lassen und zu Baguette, Canapés oder auch Toast servieren.

Linsenkaviar mit grünen Puy-Linsen

Caviar de lentilles vertes du Puy

125 g Du-Puy-Linsen
2 Lorbeerblätter
½ Bund Basilikum
50 g Mandeln
1 kleine Zwiebel
1 Knoblauchzehe
2 EL Butter oder Sonnenblumenöl
3 Cornichons
1 EL Senf nach altfranzösischer Art (Moutarde à l'ancienne)
1 – 2 EL Rotweinessig
Meersalz
frisch gemahlener schwarzer Pfeffer
2 – 3 EL Walnussöl

- ❒ Die Linsen 30 Minuten in reichlich Wasser einweichen lassen, dann die Lorbeerblätter hinzufügen und im Einweichwasser weich, aber noch bissfest garen. In einen Durchschlag gießen und gut abtropfen lassen. Lorbeerblätter entfernen.
- ❒ In der Zwischenzeit das Basilikum kurz abbrausen, trocken tupfen und fein hacken.
- ❒ Die Mandeln mit kochend heißem Wasser überbrühen, etwas ruhen lassen, abschrecken und enthäuten. Grob hacken und in der trockenen Pfanne anrösten.
- ❒ Die Zwiebel und die Knoblauchzehe schälen, fein hacken und in der Butter oder im Öl anschwitzen.
- ❒ Die gekochten Linsen, Zwiebel und Knoblauch in den Mixbehälter der Küchenmaschine geben. Zusammen mit den Cornichons, den Mandeln und dem Senf fein pürieren.
- ❒ Den Linsenkaviar in eine Schüssel geben und mit dem Rotweinessig, Salz und Pfeffer abschmecken.
- ❒ Basilikum und Walnussöl unterrühren und vor dem Servieren eine Stunde bei Zimmertemperatur ziehen lassen.

- *Zu geröstetem Knoblauchbaguette oder Toastbrot reichen.*

Pikanter Kräuterdip auf leichte Art

Sauce ravigote légère

½ Bund Schnittlauch
½ Bund krause Petersilie
½ Bund Kerbel
1 EL fein gehackter Estragon
1 Schalotte
4 Cornichons
2 EL eingelegte Kapern
1 EL milder oder mittelscharfer Senf
250 g Naturjoghurt oder pflanzlicher Joghurt
Meersalz
frisch gemahlener weißer Pfeffer

- Die Kräuter kurz abbrausen, trocken tupfen und fein hacken.
- Die geschälte Schalotte und die Cornichons fein würfeln. Die Kapern abtropfen lassen und fein hacken.
- Die gehackten Kräuter, die Schalotte, die Cornichons, die Kapern und den Senf mit dem Joghurt verrühren und mit Salz und Pfeffer abschmecken.
- Mindestens 15 Minuten im Kühlschrank ziehen lassen.

Die Sauce ravigote wird gern als Dip zu Rohkost, zu gegrilltem Gemüse, zu gedünstetem Spargel, aber auch zu hart gekochten Eiern gereicht. Aufgrund ihres geringen Fettgehalts ist sie eine schlanke Alternative zur klassischen Remoulade.

Pinienkerne-Dip

Tartinade aux pignons de pin

50 g Pinienkerne
500 g Naturjoghurt oder pflanzlicher Joghurt
75 ml Sahne oder pflanzliche Sahne
1 TL Johannisbrotkernmehl
3 EL fein gehackte Petersilie
3 EL fein gehackter Schnittlauch
1 TL fein gehackter Estragon
½ TL fein gehackter Rosmarin
½ TL fein gehackter Thymian
1 EL Weißweinessig
Meersalz
frisch gemahlener weißer Pfeffer

- Die Pinienkerne in der trockenen Pfanne kurz anrösten, bis sie duften. Danach abkühlen lassen und fein hacken.
- Die Pinienkerne mit dem Joghurt, der Sahne, dem Johannisbrotkernmehl, den Kräutern und dem Essig verrühren.
- Mit Salz und Pfeffer abschmecken.
- Vor dem Servieren 15 Minuten im Kühlschrank ziehen lassen.

- *Zu Baguette und Rohkoststicks oder Kirschtomaten servieren.*

Provenzalische Basilikumsauce

Pistou

1 Bund Basilikum
3 – 4 Knoblauchzehen
Meersalz
Olivenöl
frisch gemahlener schwarzer Pfeffer

- Das Basilikum kurz abbrausen, trocken tupfen und die Blätter abzupfen.
- Die Knoblauchzehen schälen, halbieren und die grünen Keime entfernen. Mit einem halben Teelöffel Meersalz in einen Mörser geben und zermusen.
- Nach und nach das Basilikum dazugeben und weiter mit dem Stößel bearbeiten, bis eine feine Paste entsteht.
- Zum Schluss so viel Olivenöl zugeben, bis die Sauce schön cremig ist. Nach Geschmack salzen und pfeffern.

Der Begriff »Pistou« findet seinen Ursprung in dem lateinischen Verb »pinsare«, das mit »zerstoßen« übersetzt werden kann. Unverzichtbare Werkzeuge bei der Zubereitung von Pistou sind damit Mörser und Stößel, wobei diese in modernen Küchen oft durch die Häckselwerkzeuge der Küchenmaschine abgelöst werden. Bereitet man den Pistou jedoch auf die traditionelle Art zu, bleibt die leuchtend grüne Farbe besser erhalten. Der französische Pistou ist dem italienischen Pesto sehr ähnlich, wobei in der Ursprungsversion sowohl auf die Zugabe von Käse sowie gerösteten Pinienkernen oder Nüssen verzichtet wurde. Inzwischen findet man allerdings auch in vielen französischen Rezeptbüchern Pistou-Varianten, die Käse enthalten. Dazu etwa 50 g geraspelten Gruyère und 50 g geraspelten Comté oder jeden anderen fein geraspelten Hartkäse dem Pistou beimischen. In der Haute Provence wird zudem noch eine enthäutete und in kleine Würfel geschnittene Fleischtomate untergerührt.

Provenzalische Knoblauchsauce

Aïoli

3 – 4 große Knoblauchzehen
2 – 3 MSP feines Meersalz
1 frisches Eigelb
150 – 200 ml mildes Olivenöl
2 TL frisch gepresster Zitronensaft

- Die Knoblauchzehen schälen, vierteln und die grünen Keime entfernen. Mit dem Salz in einen Mörser geben und zu einem glatten Brei zermusen.
- Nun das zimmerwarme(!) Eigelb hinzufügen und gut unterrühren.
- Danach langsam das Olivenöl einarbeiten: Zuerst mit einer kleinen Menge (etwa einem halben Teelöffel) anfangen und gründlich unterrühren. Später, wenn die Sauce gut bindet, kann die Menge erhöht werden. Jedoch ständig weiterrühren.
- Mit der Zeit wird die Sauce eindicken und eine pastenartige Konsistenz annehmen. Wenn der Aïoli »klumpt«, also an den Mörserwänden oder am Stößel kleben bleibt, Zitronensaft zugeben und zügig unterrühren.
- Der Aïoli ist dann fertig, wenn die Sauce so angedickt ist, dass der Stößel darin stehen bleibt. Falls Sie den Aïoli etwas dünnflüssiger vorziehen, noch etwas Olivenöl unterrühren.
- Diese Würzsauce ist aufgrund ihres hohen Anteils an Knoblauch sehr scharf und wird in kleinen Schalen separat zum Essen gereicht.

Die Zutaten eines Aïoli sind simpel, die Zubereitung dagegen etwas aufwendig. Dabei ist Eile der sichere Tod jedes Aïoli, weil er bei zu schneller Zugabe des Öls zusammenfällt. Aïoli wird häufig als die »Butter der Provence« bezeichnet und ähnlich verwendet, das heißt zu geröstetem Baguette, zu Rohkost, zu hart gekochten Eiern und zu gekochtem Gemüse serviert.

Knoblauchsauce ohne Ei

Aïoli sans œufs

mindestens 4 große Knoblauchzehen
(falls erwünscht auch mehr, bis zu einer ganzen Knolle)
½ TL grobes Meersalz
125 ml Olivenöl
1 – 2 Spritzer frisch gepresster Zitronensaft

- Die Knoblauchzehen schälen, halbieren und die grünen Keime entfernen.
- Den Knoblauch grob würfeln und mit dem Salz im Mörser zu einer feinen Paste zermusen.
- Dann das Olivenöl – mit viel Geduld – zuerst tropfenweise hinzufügen, später auch in einem feinen Strahl einträufeln. Dabei das Öl stets gut unterrühren, sodass es sich mit dem Knoblauch zu einer hellen Emulsion verbindet.
- Kurz bevor das ganze Öl aufgebraucht ist, den Zitronensaft unterrühren.

- *Sollten Sie ausgesprochener Knobi-Fan sein und für die Zubereitung von Aïoli tatsächlich eine ganze Knolle verwenden, empfiehlt es sich, etwas mehr Olivenöl unterzurühren.*

Scharfe Pfefferwürzsauce

Rouille

2 Knoblauchzehen
1 kleine rote Peperoni
½ TL grobes Meersalz
2 Scheiben Weißbrot ohne Rinde vom Vortag
etwas Wasser
1 Briefchen gemahlener Safran (0,1 g)
125 ml Olivenöl

- Die Knoblauchzehen schälen, vierteln und die grünen Keime entfernen.
- Die Peperoni halbieren und die Samen und weißen Seitenstränge entfernen.
- Den Knoblauch und die Peperoni grob zerkleinern. Mit dem Salz in einen Mörser geben und mit dem Stößel zu einer feinen Paste zermusen.
- Das Brot etwa zehn Minuten in etwas Wasser einweichen, gründlich ausdrücken und mit der Knoblauch-Peperoni-Paste vermischen. Den Safran unterrühren.
- Das Olivenöl unter ständigem Rühren im feinen Strahl einträufeln und so lange rühren, bis eine cremige Sauce entstanden ist.

Rouille gehört zu den ältesten Saucen Europas. Den Namen bezieht diese scharfe Würzsauce von ihrer rostroten Farbe, die von der Peperoni und dem Safran herrührt. Traditionell wird Bouillabaisse dadurch verfeinert, dass man etwas Rouille auf die servierfähige Suppe gibt (siehe Seite 82). Ebenso schmackhaft erweist sich Rouille zum gerösteten Knoblauchbaguette von Seite 60, zu den Backofentomaten von Seite 154 oder den Kartoffelspalten aus dem Ofen von Seite 153. Wem der Geschmack der Sauce zu würzig ist, kann sie durch Zugabe einer halben Paprikaschote, die ebenfalls im Mörser zerstoßen wird, und von vier bis fünf Esslöffel Mayonnaise (gekauft oder selbst gemacht) entschärfen. Anstelle des Weißbrotes kann auch eine gekochte große Pellkartoffel zugegeben werden.

Olivenpasten

Tapenades

Tapenade ist eine Olivenpaste, die zum Apéritif auf geröstete Baguettescheiben gestrichen und mit einem Glas Wein oder auch Pastis genossen wird. Von dieser südfranzösischen Spezialität gibt es wahrscheinlich so viele Rezeptvarianten, wie es Olivenbäume in der Region gibt. Zwei Zutaten sind für eine gelungene Tapenade jedoch unumgänglich: Oliven und ein gutes Olivenöl. Je nach der Farbe der verwendeten Oliven und der anderen Zutaten gibt es grüne, rote und schwarze Tapenade. Grüne Tapenade schmeckt am mildesten, die schwarze am aromatischsten.

Tapenade auf provenzalische Art

Tapenade provençale

100 g Pinienkerne
200 g schwarze Oliven
2 – 3 EL eingelegte Kapern
2 TL getrocknete Kräuter der Provence
60 – 70 ml Olivenöl
frisch gepresster Saft einer halben kleinen Zitrone
frisch gemahlener schwarzer Pfeffer

- Die Pinienkerne in der trockenen Pfanne kurz anrösten, bis sie duften. Etwas abkühlen lassen.
- Die Oliven entsteinen.
- Die Oliven, Kapern und Pinienkerne im Mixbehälter der Küchenmaschine oder im Universalzerkleinerer jeweils sehr fein zerkleinern, aber nicht zermusen. Dann mit den Kräutern der Provence, dem Olivenöl und Zitronensaft verrühren. Mit Pfeffer abschmecken.
- Vor dem Servieren abgedeckt etwa 15 Minuten bei Zimmertemperatur ziehen lassen.

Grüne Tapenade

Tapenade verte

100 g Mandeln
250 g grüne Oliven
1 – 2 EL eingelegte Kapern
70 – 80 ml Olivenöl

- Die Mandeln mit kochend heißem Wasser übergießen, zehn Minuten quellen lassen, dann abschrecken und die Häutchen abziehen. Im Mixbehälter der Küchenmaschine oder im Universalzerkleinerer fein zerkleinern.
- Die Oliven entsteinen und ebenso wie die Kapern sehr fein hacken. Zusammen mit den Mandeln und dem Olivenöl in einer Schüssel verrühren.
- Vor dem Servieren abgedeckt etwa 15 Minuten bei Zimmertemperatur ziehen lassen.

Rote Tapenade

Tapenade rouge

2 Knoblauchzehen
200 g getrocknete Tomaten
100 g entsteinte schwarze Oliven
2 EL eingelegte Kapern
70 – 80 ml Olivenöl
1 EL fein gehackter Thymian
1 EL fein gehackter Rosmarin
frisch gemahlener schwarzer Pfeffer

- Den Knoblauch schälen, vierteln und die grünen Keime entfernen.
- Die getrockneten Tomaten kurz abbrausen, mit kochend heißem Wasser übergießen und 30 Minuten quellen lassen.
- Die Tomaten gut abtropfen lassen und zusammen mit den Oliven, dem Knoblauch und den Kapern im Mixbehälter der Küchenmaschine oder in zwei bis drei Portionen im Universalzerkleinerer zu einer sämigen Paste zerkleinern.
- Das Olivenöl sowie die fein gehackten Kräuter unterrühren und mit etwas Pfeffer abschmecken.
- Vor dem Servieren abgedeckt etwa 15 Minuten bei Zimmertemperatur ziehen lassen.

Klassische Salatsauce auf Essig-Öl-Basis

Vinaigrette

1 – 2 MSP feines Meersalz
3 EL Weißweinessig
1 TL flüssiger milder Honig oder Agavendicksaft
frisch gemahlener schwarzer Pfeffer
1 EL Dijon-Senf
9 EL Olivenöl (90 ml)

- In einer kleinen Schüssel Salz, Essig, Honig oder Agavendicksaft und etwas Pfeffer so lange mit dem Schneebesen verrühren, bis sich das Salz und der Honig oder Agavendicksaft aufgelöst haben.
- Den Senf unterrühren.
- Jetzt das Öl zugeben und so lange rühren, bis sich Essig und Öl zu einer Emulsion verbunden haben.

Die Basis einer klassischen Vinaigrette besteht aus Essig und Öl, wobei das Verhältnis zwei Drittel Öl und ein Drittel Essig betragen sollte. Statt des Essigs kann auch frisch gepresster Zitronen- oder Limettensaft verwendet werden. Zu diesen Grundzutaten kommen nach Belieben unterschiedliche Würzzutaten, wie beispielsweise fein gehackter Knoblauch, fein gehackte Kräuter, fein gehackte Zwiebeln oder Schalotten.
Damit die Vinaigrette ihr volles Aroma entfalten kann, sollte sie 30 Minuten vor Gebrauch angerührt werden. Vor dem Servieren dann noch einmal kräftig durchschlagen.

Hauptgerichte

Plats principaux

Grüner Spargel mit Honig-Ziegenkäse-Crottins

Asperges vertes et chèvre chaud au miel

1 kg grüner Spargel
8 Frühlingszwiebeln
7 – 8 EL Olivenöl (70 – 80 ml)
2 kleine Zweige Rosmarin
4 EL frisch gepresster Zitronensaft
feines Meersalz, am besten Fleur de sel
frisch gemahlener weißer Pfeffer
8 kleine, runde Ziegenweichkäste (Crottins de chèvre)
50 – 60 ml flüssiger Honig

- Die holzigen Enden des Spargels abschneiden. Den Spargel von unten ein gutes Drittel mit einem Sparschäler schälen. (Ganz frischer grüner Spargel muss nicht geschält werden.)
- Von den Frühlingszwiebeln die Wurzelenden abschneiden.
- Die Hälfte des Olivenöls in einer sehr großen Pfanne oder in einem ovalen Schmortopf erhitzen. Den Spargel und die Frühlingszwiebeln sowie den Rosmarin und Zitronensaft hinzufügen und alles unter gelegentlichem Rühren so lange schmoren, bis der Spargel bissfest gegart ist. Den Rosmarin entfernen.
- Das Gemüse herzhaft mit Salz und Pfeffer würzen und warm halten.
- Das verbliebene Öl in einer zweiten Pfanne erhitzen und die Ziegenweichkäse darin von beiden Seiten leicht anbräunen. Der Käse sollte dabei nur leicht anschmelzen, aber auf keinen Fall zerlaufen.
- Sobald die zweiten Seiten der Crottins ebenfalls leicht angebräunt sind, die Herdplatte ausschalten. Den Honig in einem kleinen Topf leicht anwärmen und auf die Crottins träufeln. Alles nochmals ein bis zwei Minuten ziehen lassen. Den Käse mit etwas Pfeffer würzen.
- Zum Servieren den Spargel und die Frühlingszwiebeln auf vier Teller verteilen.
- Jeweils zwei Ziegenkäse-Crottins vorsichtig zum Spargel auf die Teller geben. Das in der Pfanne verbliebene Öl und den Honig auf die Crottins löffeln und das Spargelgericht mit Baguette servieren.

Couscous mit Kichererbsen

Couscous aux pois chiches

200 g getrocknete Kichererbsen
150 g Rosinen
2 Zwiebeln
2 Knoblauchzehen
4 EL Olivenöl
2 Karotten
2 kleine weiße Rüben, ersatzweise Kartoffeln
2 Stangen Staudensellerie
1 mittelgroßer Zucchino
4 Tomaten
200 ml Wasser
Meersalz
280 g Tomatenmark
3 – 4 TL Ras el-Hanout (Gewürzmischung für Couscous)

Für den Couscous:
etwa 800 ml Wasser
1 – 2 TL Meersalz
400 g Couscous
4 EL Olivenöl

- Die Kichererbsen in Wasser über Nacht einweichen. Am nächsten Tag mit frischem Wasser aufsetzen und bissfest kochen. In einen Durchschlag geben und gut abtropfen lassen.
- Die Rosinen 30 Minuten in etwas lauwarmem Wasser quellen, danach abtropfen lassen.
- Die Zwiebeln und Knoblauchzehen schälen, fein hacken und in zwei Esslöffel Olivenöl leicht anbräunen.
- Die Karotten und weißen Rüben schälen und mittelfein würfen. Den Staudensellerie ebenfalls würfeln. Den Zucchino in dünne Scheiben schneiden. Die Tomaten ebenfalls würfeln.
- Weitere zwei Esslöffel Olivenöl zu den Zwiebeln und Knoblauchzehen geben und das Gemüse in der Reihenfolge Karotten, weiße Rüben, Staudensellerie, Zucchino und Tomaten jeweils kurz anschwitzen.

- Mit dem Wasser ablöschen, einen Teelöffel Meersalz hinzufügen und das Gemüse 15 Minuten unter gelegentlichem Rühren köcheln lassen.
- Die Kichererbsen und die Rosinen dazugeben und das Tomatenmark sowie die Gewürzmischung unterrühren. Nochmals zehn Minuten köcheln lassen und mit noch etwas Salz abschmecken.
- Für den **Couscous** das Wasser mit dem Salz zum Kochen bringen. Den Couscous einrieseln lassen, zwei bis drei Minuten unter Rühren köcheln lassen, dann den Topf vom Herd nehmen. Den Couscous mit aufgelegtem Deckel etwa zehn Minuten ausquellen lassen. Dann mit einer Gabel auflockern und das Öl unterrühren.
- Den Couscous auf einer Servierplatte oder einem großen Teller zu einem Kegel ausformen und das Gemüse in einem Kranz darum anrichten.
- Sofort servieren.

Elsässer Flammkuchen

Tarte flambée alsacienne

Für den Teig:
250 g Weizenmehl (Type 1050)
150 g Weizenvollkornmehl
1 TL Meersalz
1 Päckchen Trockenhefe
3 EL Sonnenblumen- oder Rapsöl
etwa 250 ml lauwarmes Wasser

Für den Belag:
4 Zwiebeln
1 Stange Lauch
2 EL Butter
400 g Fromage blanc (mit mittlerem Fettgehalt), ersatzweise Speisequark (20 % Fett)
200 g Crème fraîche
Meersalz
frisch gemahlener schwarzer Pfeffer
2 MSP frisch geriebene Muskatnuss
100 g fein geraspelter Hartkäse, z. B. Gruyère oder Comté

- Für den **Teig** das Mehl in eine Schüssel geben und mit dem Salz und der Hefe gut vermischen. In der Mitte des Mehls eine Mulde ausformen und das Öl hineingeben. Gut einarbeiten. Dann nach und nach das Wasser dazugeben und so lange kneten, bis ein geschmeidiger Teig entstanden ist.
- Den Teig an einem warmen Ort 45 bis 60 Minuten gehen lassen.
- In der Zwischenzeit für den **Belag** die Zwiebeln schälen, fein hacken, den Lauch in feine Ringe schneiden. In der Butter anschwitzen und abkühlen lassen.
- Den Fromage blanc mit der Crème fraîche verrühren, mit Salz, Pfeffer und Muskatnuss abschmecken.
- Den Teig in vier Portionen teilen und jede Portion dünn ausrollen. Auf ein mit Backpapier ausgekleidetes Backblech legen.
- Zuerst die Quarkmasse auf den Teig streichen, dann die Zwiebeln und den Lauch darauf verteilen. Zum Schluss den geraspelten Hartkäse darüberstreuen.

- Die Flammkuchen im Backofen bei 220 °C etwa 15 Minuten portionsweise backen. Bei Umluft können auch zwei Backbleche auf einmal verwendet werden. Bei manchen Backherden empfiehlt es sich jedoch trotz der Umluft, das untere Backblech nach zwei Dritteln der Backzeit an die oberste Position zu versetzen, damit der Teig gleichmäßig ausgebacken wird.

- *Anstelle des Lauchs können 250 g in dünne Scheiben geschnittene Champignons oder 200 g Räuchertofu als Zusatz zum Belag verwendet werden. Im letzteren Fall den Räuchertofu fein würfeln und kurz in der Pfanne anbräunen.*

Elsässer Rieslingkraut mit Nudeln

Choucroute alsacienne au riesling et aux nouilles

400 g Bandnudeln
Meersalz
100 g Walnusskerne
500 g mildes Weinsauerkraut
2 Zwiebeln
2 Knoblauchzehen
6 EL Raps- oder Sonnenblumenöl (60 ml)
150 – 200 ml Elsässer Riesling,
ersatzweise 180 ml ungesüßter Apfelsaft mit 1 – 2 EL Weißweinessig
1 Bund krause Petersilie
2 Lorbeerblätter
1 TL fein gehackter Thymian
2 MSP fein gemahlener Kümmel
frisch gemahlener schwarzer Pfeffer

- Die Bandnudeln in reichlich Salzwasser bissfest garen, gut abtropfen lassen und warm halten.
- Die Walnüsse grob hacken und in einer trockenen Pfanne kurz anrösten, bis sie duften.
- Das Sauerkraut gut abtropfen lassen.
- Die Zwiebeln und die Knoblauchzehen schälen, fein hacken und in zwei Esslöffel Öl anschwitzen. Das Sauerkraut dazugeben, kurz bei hoher Temperatur und unter ständigem Rühren ebenfalls anschwitzen, dann mit dem Riesling ablöschen.
- Die Petersilie kurz abbrausen, trocken tupfen und fein hacken. Mit den Lorbeerblättern, dem Thymian und Kümmel zu dem Sauerkraut geben. Mit geschlossenem Deckel unter gelegentlichem Rühren etwa 20 bis 25 Minuten schmoren.
- Zehn Minuten vor Ende der Kochzeit vier Esslöffel Öl erhitzen und die Nudeln darin von allen Seiten kräftig braten.
- Die Nudeln zum Sauerkraut geben, die Lorbeerblätter entfernen und mit Salz und Pfeffer abschmecken.

Gemüseeintopf aus Nizza

Ratatouille niçoise

2 Zwiebeln
3 Knoblauchzehen
2 – 4 EL Olivenöl
3 mittelgroße Auberginen
1 grüne Paprikaschote
1 rote Paprikaschote
1 gelbe Paprikaschote
3 mittelgroße Zucchini
4 Fleischtomaten
150 ml trockener Rotwein, ersatzweise Tomatensaft mit 1 EL Rotweinessig
2 – 3 TL getrocknete Kräuter der Provence
140 g Tomatenmark
Meersalz
frisch gemahlener schwarzer Pfeffer

- Die Zwiebeln und den Knoblauch schälen, fein hacken und in einem großen Schmortopf in zwei Esslöffel Olivenöl anschwitzen.
- Die Auberginen in kleine Würfel schneiden, zu den Zwiebeln und dem Knoblauch geben und unter häufigem Rühren leicht anbräunen.
- Die mittelfein gewürfelten Paprikaschoten dazugeben und anschwitzen. Falls nötig, noch zwei Esslöffel Öl hinzufügen.
- Zucchini der Länge nach halbieren und in Halbmonde schneiden. Zum Gemüse in den Topf geben und alles nochmals gut fünf Minuten schmoren.
- In der Zwischenzeit die Tomaten mit kochend heißem Wasser überbrühen, kurz abschrecken und enthäuten. Das Fruchtfleisch fein würfeln und ebenfalls in den Topf geben. Nach drei bis vier Minuten mit dem Rotwein ablöschen und die Kräuter der Provence unterrühren.
- Das Gemüse unter gelegentlichem Rühren gut bissfest schmoren.
- Das Tomatenmark unterrühren und mit Salz und Pfeffer abschmecken.

- *Zu Brot, Nudeln oder auch Reis servieren.*

Kartoffelküchlein mit Rieslingkompott

Galettes de pommes de terre et compote au Riesling

Für das Rieslingkompott:
6 große Äpfel
2 EL frisch gepresster Zitronensaft
4 EL Roh-Rohrzucker
1 MSP feines Meersalz
100 ml Elsässer Riesling, ersatzweise ungesüßter Apfelsaft mit 1 EL Weißweinessig

Für die Kartoffelküchlein:
1 Bund krause Petersilie
1 kg Kartoffeln
2 kleine Zwiebeln
2 kleine Eier
8 EL (60 g) Weizenmehl (Type 1050)
8 EL (60 g) Semmelbrösel
4 EL Hefeflocken
Meersalz
frisch gemahlener schwarzer Pfeffer
Butter für die Pfanne und die Form
125 g (Ziegen-)Camembert

- Für das **Kompott** die Äpfel schälen, entkernen und in Würfel schneiden.
- Mit dem Zitronensaft, Zucker und Salz in einen Topf geben.
- Unter gelegentlichem Rühren so lange köcheln lassen, bis die Äpfel weich sind, aber noch nicht zerfallen.
- Den Riesling unterziehen und weitere drei bis vier Minuten köcheln lassen, dann den Topfdeckel auflegen und das Kompott vom Herd nehmen.
- Für die **Küchlein** die Petersilie kurz abbrausen, trocken tupfen und fein hacken.
- Die Kartoffeln und Zwiebeln schälen und mittelfein raspeln.
- Die Eier dazugeben und gut verrühren. Das Weizenmehl, die Semmelbrösel, die gehackte Petersilie und Hefeflocken unterrühren und mit Salz und Pfeffer abschmecken.
- Etwas Butter in einer Pfanne erhitzen. Mit den Händen kleine, abgeflachte Küchlein formen und in der heißen Butter ausbacken.
- Den (Ziegen-)Camembert würfeln.

- Die Kartoffelküchlein in eine flache, gefettete Auflaufform geben, mit den Käsewürfeln bestreuen und etwa zehn Minuten bei 180 °C im Grill oder im Backofen mit Oberhitze gratinieren.
- Die gratinierten Kartoffelküchlein mit dem lauwarmen Rieslingkompott servieren.

Mit Maronen gefüllter Kürbis

Potiron farci aux marrons

1 großer Hokkaido-Kürbis (etwa 2 kg)
Olivenöl
feines Meersalz
Fett für die Form

Für die Füllung:
2 kleine Zwiebeln
2 Knoblauchzehen
2 dünne Stangen Lauch
400 g braune Champignons
5 – 7 EL Olivenöl (50 – 70 ml)
150 ml trockener Rotwein, ersatzweise Tomatensaft mit 1 EL Rotweinessig
200 g gekochte Maronen (vakuumverpackt oder aus dem Glas)
5 EL fein gehackte glatte Petersilie
1 TL fein gehackter Rosmarin
1 TL fein gehackter Thymian
2 EL Sojasauce
140 g Tomatenmark
Meersalz
frisch gemahlener schwarzer Pfeffer
150 g Baguette

- Den Kürbis abbrausen und trocken tupfen. Mit einem scharfen Messer einen Deckel abschneiden.
- Mit einem scharfkantigen Löffel die Kerne und Fasern im Inneren auskratzen. Das Kürbisinnere mit reichlich Olivenöl auspinseln und etwas salzen.
- Den Kürbis in eine große, gefettete Auflaufform geben, den Deckel auflegen und im Backofen bei 200 °C etwa 30 Minuten vorgaren.
- In der Zwischenzeit für die **Füllung** die Zwiebeln und Knoblauchzehen schälen und fein hacken. Den Lauch in dünne Scheiben schneiden.
- Die Champignons mit feuchtem Küchenpapier säubern und in Scheiben schneiden.
- Die Zwiebeln und den Knoblauch in zwei bis drei Esslöffel Öl anschwitzen. Den Lauch dazugeben und unter Rühren so lange anschwitzen, bis er in sich zusammenfällt.

- Die Champignons zu den Zwiebeln und dem Lauch geben und bissfest garen. Mit dem Rotwein ablöschen.
- Die Maronen in Scheiben schneiden.
- Die Maronen, Kräuter und Sojasauce unter das Gemüse rühren und alles fünf Minuten köcheln lassen.
- Das Tomatenmark unterrühren. Die Füllung herzhaft mit Salz und Pfeffer abschmecken und nochmals kurz köcheln lassen.
- Das Baguette fein würfeln. Drei bis vier Esslöffel Öl in einer Pfanne erhitzen und die Baguettewürfel darin von allen Seiten anbräunen.
- Die Croûtons zur Füllung geben und vorsichtig vermischen.
- Den Kürbis mit der Gemüse-Brot-Mischung füllen. Den Deckel wieder auflegen und den Kürbis bei 180 °C weitere 30 bis 35 Minuten backen.

Provenzalische Linsenküchlein mit Rosenkohl

Galettes de lentilles à la provençale et chou de Bruxelles

Für die Linsenküchlein:
200 g Champagne-Linsen (Lentillon rosé de Champagne)
Meersalz
1 kleine rote Zwiebel
2 – 3 Knoblauchzehen
1 großes Ei
100 g fein geraspelter Hartkäse, z. B. Comté oder Beaufort
80 g Semmelbrösel
4 EL Weizenmehl (Type 1050)
4 EL Tomatenmark
2 EL fein gehacktes Basilikum
2 EL fein gehackter Majoran
1 EL fein gehackter Rosmarin

frisch gemahlener schwarzer Pfeffer
Butter oder Rapsöl zum Braten

Für den Rosenkohl:
1 kg Rosenkohl
Meersalz
2 Zwiebeln
2 EL Butter oder Rapsöl
2 TL Speisestärke
100 ml Riesling, ersatzweise ungesüßter Apfelsaft
200 g Crème fraîche
2 EL Senf nach altfranzösischer Art (Moutarde à l'ancienne)
frisch gemahlener weißer Pfeffer

- ❒ Für die **Küchlein** die Linsen in reichlich Wasser etwa 40 Minuten weich kochen, kurz vor Ende der Kochzeit einen Teelöffel Salz hinzufügen. In einen Durchschlag gießen und gut abtropfen lassen.
- ❒ Die Zwiebel und den Knoblauch schälen und sehr fein hacken.
- ❒ Das Ei mit einer Gabel etwas aufschlagen.
- ❒ In einer großen Schüssel die Zwiebel, den Knoblauch und das Ei mit den Linsen vermischen.

- Den Comté, die Semmelbrösel, das Weizenmehl, Tomatenmark und die Kräuter dazugeben und wie zu einem Teig verkneten. Mit Salz und Pfeffer herzhaft abschmecken.
- Etwas Butter oder Öl in einer Pfanne erhitzen, mit den Händen Küchlein formen und in der heißen Butter oder im heißen Öl ausbacken.
- Während die Linsen garen, den **Rosenkohl** verlesen und putzen, dann in reichlich Salzwasser bissfest garen.
- Zum Ende der Kochzeit die Zwiebeln schälen, fein hacken und in einem kleinen Saucentopf in der Butter oder im Öl anschwitzen. Mit der Stärke bestreuen und mit dem Riesling ablöschen.
- Die Crème fraîche und den Senf unter die Sauce rühren, einmal kurz aufkochen lassen und mit Salz und Pfeffer abschmecken.
- Den Rosenkohl in einen Durschlag geben und gut abtropfen lassen. Zurück in den Topf füllen, mit der Senfsauce übergießen und vorsichtig vermischen.
- Das Gemüse nochmals gut erwärmen und mit den Linsenküchlein servieren.

Teigtaschen mit Mangold-Frischkäse-Füllung

Chaussons fromage frais-bette

Für den Teig:
300 g Weizenmehl (Type 1050)
1 TL Meersalz
50 ml Olivenöl
125 ml kaltes Wasser
Mehl für die Arbeitsfläche

Für die Füllung:
1 Zwiebel
2 Knoblauchzehen
2–3 EL Olivenöl
600 g Mangold
5 EL rote Tapenade (siehe Seite 104)
125 g Frischkäse oder Ziegenfrischkäse
4 EL Sonnenblumenkerne
Meersalz
frisch gemahlener schwarzer Pfeffer
1 Eigelb
3 EL Milch

- Für den **Teig** das Mehl in einer Schüssel mit dem Salz vermischen. In der Mitte des Mehls eine Mulde ausformen, das Öl hineingießen und gut mit dem Mehl vermischen. Das Wasser nach und nach dazugeben und so lange kneten, bis ein elastischer Teig entstanden ist.
- Den Teig zu einer Kugel formen, in Frischhaltefolie hüllen und mindestens 30 Minuten im Kühlschrank ruhen lassen.
- Für die **Füllung** die Zwiebel und Knoblauchzehen schälen und fein hacken, dann im Olivenöl anschwitzen.
- Den Mangold gründlich waschen und abtropfen lassen. Die Stiele in Würfel schneiden. Von den Blättern die harten Blattrippen herausschneiden, dann die Blätter in feine Streifen schneiden.
- Die Mangoldstiele zu den Zwiebeln und dem Knoblauch geben und kurz anschwitzen. Die Mangoldblätter hinzufügen und alles unter gelegentlichem Rühren bissfest schmoren.

- Die Tapenade und den (Ziegen-)Frischkäse dazugeben und so lange rühren, bis der Frischkäse geschmolzen ist und sich gut vermischt hat.
- Die Sonnenblumenkerne unterrühren und die Füllung herzhaft mit Salz und Pfeffer abschmecken. Etwas abkühlen lassen.
- Den Teig in vier Portionen teilen und auf einer bemehlten Arbeitsfläche zu vier runden Teigtellern ausrollen.
- Die Mangoldfüllung in vier Portionen aufteilen und jeweils eine Portion auf der Hälfte eines Teigtellers verteilen. Die andere Hälfte des Teigs darüberklappen und die Ränder gut andrücken.
- Das Eigelb mit der Milch verrühren und die Teigtaschen damit bepinseln. Im Backofen bei 200 °C etwa 25 Minuten backen, bis die Oberfläche der Teigtaschen leicht gebräunt ist.

Schmorkartoffeln mit Ziegenfrischkäse und Aubergine

Pommes de terre en cocotte, chèvre frais et Aubergine

Für die marinierte Aubergine:
16 getrocknete Tomaten
5 – 6 EL Pinienkerne
2 Knoblauchzehen
2 EL Olivenöl
1 kleine Aubergine
1 kleiner Zweig Rosmarin
1 TL Fenchelsamen
1 TL fein gehackter Thymian
Meersalz
frisch gemahlener schwarzer Pfeffer
2 EL fein gehacktes Basilikum
15 fein gewürfelte grüne Oliven
2 EL Rotweinessig
2 TL Senf nach provenzalischer Art (Moutarde provençale), ersatzweise mittelscharfer Senf mit 2 MSP mildem Paprikapulver
2 EL Tomatenmark
1 EL Lavendelhonig oder Waldhonig
3 EL Olivenöl

Für die Frischkäse-Quark-Mischung:
125 g Ziegenfrischkäse
500 g Fromage blanc (mit mittlerem Fettgehalt), ersatzweise Speisequark (20 % Fett)
½ Bund glatte Petersilie
1 EL fein gehacktes Basilikum
1 EL frisch gepresster Zitronensaft
50 ml Milch
Meersalz
frisch gemahlener weißer Pfeffer

Für die Schmorkartoffeln:
1 ½ kg kleine, festkochende Kartoffeln
3 – 4 EL Olivenöl
300 ml Wasser
1 TL Meersalz

- Für die **marinierte Aubergine** die getrockneten Tomaten abbrausen, mit kochend heißem Wasser übergießen und 30 Minuten einweichen. Gut abtropfen lassen und fein würfeln.
- Pinienkerne in der trockenen Pfanne kurz anrösten. Beiseite stellen.
- Die Knoblauchzehen schälen, fein würfeln und im Olivenöl kurz anschwitzen. Die Aubergine ebenfalls fein würfeln und zum Knoblauch geben.
- Den Zweig Rosmarin, den Fenchelsamen und Thymian hinzufügen und die Auberginenwürfel unter Rühren so lange schmoren, bis sie bissfest gegart sind. Mit Salz und Pfeffer abschmecken. Etwas abkühlen lassen.
- Tomaten- und Auberginenwürfel in eine Schüssel geben und mit den Pinienkernen, dem Basilikum, den Oliven sowie mit Essig, Senf, Tomatenmark, Honig und Öl vermischen. Mit Salz und Pfeffer abschmecken und mindestens zwei Stunden im Kühlschrank ziehen lassen.
- Den Rosmarinzweig vor dem Servieren entfernen.
- Für die **Frischkäse-Quark-Mischung** den Ziegenfrischkäse mit dem Fromage blanc verrühren.
- Petersilie abbrausen, trocken tupfen und fein hacken. Die Kräuter, den Zitronensaft und die Milch unter den Frischkäse ziehen.
- Mit Salz und Pfeffer abschmecken. Mindestens 30 Minuten im Kühlschrank ziehen lassen.
- Die **Kartoffeln** unter fließendem Wasser gründlich abbürsten, nicht schälen. Etwas abtropfen lassen.
- Das Olivenöl in einem Schmortopf erhitzen und die Kartoffeln darin unter häufigem Rühren bei hoher Temperatur etwas anbräunen. Mit dem Wasser ablöschen, den Topfdeckel auflegen und die Kartoffeln bei mittlerer Temperatur unter gelegentlichem Rühren in etwa 45 Minuten weich kochen. Eventuell noch etwas Wasser nachgießen.
- Zum Ende der Kochzeit das verbliebene Wasser abgießen, die Kartoffeln auf der noch heißen Herdplatte kurz ausdämpfen lassen.
- Das Salz unterrühren und die Schmorkartoffeln mit dem Ziegenfrischkäse-Quark und der Aubergine servieren.

ARLES
BOUTIQUE 2 L'ESPACE
VAN GOGH
Arles
La Provence
Ambiance du Sud

LE LOIR

Überbackenes und Aufläufe

Gratins et Soufflés

Auberginen-Ziegenkäse-Gratin

Gratin d'aubergines au chèvre

2 mittelgroße Auberginen
Butter oder Öl für Pfanne und Form
Meersalz
frisch gemahlener schwarzer Pfeffer
2 EL fein gehacktes Basilikum
2 EL fein gehackter Rosmarin
4 EL Olivenöl
4 mittelgroße Tomaten
180 g Ziegenweichkäse von einer Ziegenkäserolle

- Die Auberginen waschen, trocken tupfen, der Länge nach in Scheiben schneiden und in der Pfanne (am besten einer Grillpfanne) in Butter oder Öl von beiden Seiten anbraten.
- Die Auberginenscheiben in eine gefettete Auflaufform schichten, salzen und pfeffern. Mit jeweils einem Esslöffel Basilikum und Rosmarin bestreuen. Die Hälfte des Olivenöls darüberträufeln.
- Die Tomaten in Scheiben schneiden und auf den Auberginen verteilen. Ebenfalls salzen und pfeffern und mit dem Rest der Kräuter bestreuen.
- Den Ziegenweichkäse in dünne Scheiben schneiden und auf den Tomaten verteilen. Mit etwas Pfeffer würzen, mit den verbliebenen zwei Esslöffel Olivenöl beträufeln und im Backofen bei 180 °C etwa 30 bis 35 Minuten backen, bis der Ziegenkäse leicht gebräunt ist.

Brotauflauf mit Brie

Pain perdu au brie

250 g Baguette vom Vortag
400 ml Milch
Butter oder Öl für die Form
3 Eier
4 EL Hefeflocken
4 EL fein gehackte krause Petersilie
2 EL fein gehackter Schnittlauch
½ TL Meersalz
2 TL mildes Paprikapulver
3 – 4 MSP gemahlener roter Pfeffer
(vorzugsweise Piment d'Espelette aus dem Baskenland)
100 g Brie
100 g fein geraspelter Hartkäse, z. B. Gruyère oder Cantal

- ❐ Das Baguette in Scheiben schneiden und 15 Minuten in der Milch einweichen. Sollte das Brot sehr trocken sein, eventuell noch etwas Milch hinzugeben.
- ❐ Nach Ende der Einweichzeit das Brot etwas abtropfen lassen und in die gut gefettete Auflaufform schichten. Den Rest der zum Einweichen verwendeten Milch aufbewahren.
- ❐ Die Eier mit den Hefeflocken, der Petersilie, dem Schnittlauch, Salz, Paprikapulver, rotem Pfeffer und der verbliebenen Milch verrühren.
- ❐ Den Brie sehr fein würfeln und mit dem geraspelten Hartkäse zur Eiermasse geben. Die Eiermasse über das Brot gießen und glatt streichen. Den Brotauflauf im Backofen bei 180 °C 35 bis 40 Minuten backen, bis die Oberfläche schön gebräunt ist.

Kartoffelauflauf mit Milch und Käse

Gratin dauphinois

1 ½ kg Kartoffeln
feines Meersalz
frisch gemahlener weißer Pfeffer
2 MSP frisch geriebene Muskatnuss
1 Knoblauchzehe
Butter für die Form
2 Eier
5 – 6 EL Crème fraîche
500 ml Milch
5 EL Butter
100 g fein geraspelter Emmentaler oder Gruyère

- Die Kartoffeln nur schälen, nicht waschen, sondern mit einem Geschirrtuch kräftig abreiben. Die Kartoffeln in etwa drei Millimeter dicke Scheiben schneiden, in eine große Schüssel geben und Salz, Pfeffer und Muskatnuss gut untermischen (geht am besten mit den Händen).
- Eine große Auflaufform mit der geschälten und halbierten Knoblauchzehe ausstreichen, dann gut mit Butter einfetten.
- Die Kartoffelscheiben gleichmäßig in die Auflaufform schichten.
- Die Eier mit der Crème fraîche schaumig rühren, wenn gewünscht, noch etwas mit Salz und Pfeffer würzen. Die Milch zu der Eiermasse geben und gut verrühren.
- Die Eier-Milch-Mischung über die Kartoffeln gießen, dann die Butter in Flöckchen und den geraspelten Käse darauf verteilen.
- Im Backofen bei 200 °C gut eine Stunde garen, bis die Kartoffeln weich sind und die Oberfläche schön gebräunt ist. Von Zeit zu Zeit mit der Gabel in die Oberfläche stechen, damit die Flüssigkeit verdunsten kann.
- Sollte der Auflauf zum Ende der Backzeit zu braun werden, die Auflaufform mit etwas Backpapier abdecken.

Kürbis-Tomaten-Gratin

Gratin de potiron à la tomate-plat

3 Schalotten
3 Knoblauchzehen
9 EL Olivenöl (90 ml)
1 kg geputztes und gewürfeltes Kürbisfleisch (z. B. von einem Muskatkürbis)
2 EL fein gehackter Majoran
Meersalz
frisch gemahlener schwarzer Pfeffer
Öl für die Form
1 Bund glatte Petersilie
4 Tomaten
½ Baguette
3 EL Hefeflocken

- ❒ Die Schalotten und Knoblauchzehen schälen, fein würfeln und in zwei Esslöffel Olivenöl anschwitzen.
- ❒ Weitere zwei Esslöffel Olivenöl hinzufügen und die Kürbiswürfel darin unter häufigem Rühren so lange schmoren, bis das Kürbisfleisch weich, aber noch bissfest ist.
- ❒ Mit dem Majoran, Salz und Pfeffer würzen.
- ❒ Die Kürbiswürfel in eine gefettete Auflaufform geben und glatt streichen.
- ❒ Die Petersilie kurz abbrausen, trocken tupfen und fein hacken.
- ❒ Die Tomaten würfeln und in einem Esslöffel Olivenöl andünsten. Etwas einkochen lassen. Die Hälfte der Petersilie unterrühren und mit Salz und Pfeffer abschmecken. Über den Kürbis streichen.
- ❒ Das Baguette in Scheiben schneiden und in der trockenen Pfanne oder im Backofen kross rösten. Danach abkühlen lassen. Das Baguette mit dem Universalzerkleinerer oder im Mixbehälter der Küchenmaschine fein zerkleinern.
- ❒ Die Baguettekrümel mit den Hefeflocken, vier Esslöffel Olivenöl und dem Rest der Petersilie vermengen und den Auflauf damit bestreuen.
- ❒ Das Gratin im Backofen bei 200 °C etwa 25 Minuten überbacken, bis die Oberfläche leicht gebräunt ist.

Provenzalischer Gemüseauflauf

Tian provençale

Olivenöl für die Form
1 große Zwiebel
4 Knoblauchzehen
14 – 16 EL Olivenöl (140 – 160 ml)
2 große rote Paprikaschoten
Meersalz
frisch gemahlener schwarzer Pfeffer
4 TL getrocknete Kräuter der Provence
3 große Zucchini
2 Auberginen
3 Fleischtomaten
125 g fein geraspelter Gruyère

- Eine große, runde Auflaufform mit Olivenöl ausstreichen.
- Die Zwiebel und Knoblauchzehen schälen, fein hacken und in zwei Esslöffel Öl anschwitzen. Die Paprika fein würfeln. Zur Zwiebel und zum Knoblauch in die Pfanne geben und so lange schmoren, bis das Paprikagemüse weich ist.
- Das Paprikagemüse in die Auflaufform geben und glatt streichen. Mit Salz und Pfeffer würzen und mit einem Teelöffel Kräuter der Provence überstreuen.
- Die Zucchini in feine Scheiben schneiden und in zwei bis drei Esslöffel Olivenöl anschwitzen.
- Die Zucchini auf dem Paprikagemüse verteilen und glatt streichen. Mit Salz und Pfeffer würzen und mit einem Teelöffel Kräuter der Provence bestreuen.
- Die Auberginen in dünne Scheiben schneiden und in zwei bis drei Esslöffel Olivenöl auf beiden Seiten schön braun braten. Die Auberginenscheiben auf die Zucchini schichten. Mit Salz und Pfeffer würzen und mit einem Teelöffel Kräuter der Provence bestreuen.
- Die Fleischtomaten in dünne Scheiben schneiden und auf der Auberginenschicht verteilen. Mit Salz und Pfeffer würzen und mit einem Teelöffel Kräuter der Provence bestreuen.
- Den Auflauf mit den restlichen acht Esslöffel Olivenöl beträufeln und mit dem geraspeltem Gruyère überstreuen.
- Im Backofen bei 180 °C etwa 30 bis 35 Minuten backen. Mit knusprigem Baguette servieren.

Maronen-Pflaumen-Gratin aus dem Périgord

Gratin de marrons et de pruneaux

Butter oder Öl für die Form
1 große Zwiebel
2 Knoblauchzehen
Meersalz
frisch gemahlener schwarzer Pfeffer
150 g entsteinte Backpflaumen
400 g gekochte Maronen (vakuumverpackt oder aus dem Glas)
4 EL grob gehackte Walnusskerne
4 EL grob gehackte Haselnusskerne
150 ml heiße Gemüsebrühe
½ Bund glatte Petersilie
150 ml Sahne
1 MSP frisch geriebene Muskatnuss
150 g fein geraspelter Comté oder Gruyère

- Eine große, runde Auflaufform gut mit Butter oder Öl einfetten.
- Die Zwiebel und Knoblauchzehen schälen, fein hacken und auf dem Boden der Auflaufform verteilen. Mit etwas Salz und Pfeffer würzen.
- Die Backpflaumen halbieren.
- Die Maronen auf den fein gehackten Zwiebeln verteilen, die Backpflaumen dazwischensetzen. Mit den Nüssen überstreuen. Die Gemüsebrühe darübergießen.
- Die Petersilie kurz abbrausen, trocken tupfen und fein hacken. Mit der Sahne, der Muskatnuss und dem Käse verrühren, mit Pfeffer würzen.
- Die Käse-Sahne-Masse über die Maronen und Pflaumen geben. Das Gratin im Backofen bei 180 °C etwa 35 bis 40 Minuten backen, bis etwas von der Flüssigkeit verdampft und der Käse leicht gebräunt ist.

Reis-Lauch-Gratin und Ziegenfrischkäsekruste

Gratin de riz aux poireaux et chèvre frais

300 g (roter) Camargue-Reis oder anderer Langkornreis
Meersalz
1 Zwiebel
2 – 3 EL Rapsöl
3 Stangen Lauch
4 Tomaten
100 ml trockener Weißwein,
ersatzweise ungesüßter Apfelsaft mit 1 EL Weißweinessig
2 TL mildes Currypulver
4 EL fein gehackte krause Petersilie
1 EL fein gehackter Majoran
1 TL fein gehackter Salbei
50 ml Sahne
Butter oder Öl für die Form
100 g Crème fraîche oder Crème double
125 g Ziegenfrischkäse oder Frischkäse
5 – 6 EL Milch

❒ Den Reis in reichlich Salzwasser bissfest kochen, in einen Durchschlag gießen und gut abtropfen lassen.
❒ Die Zwiebel schälen, fein hacken und im heißen Rapsöl anschwitzen.
❒ Den Lauch in Ringe schneiden, zur Zwiebel geben und kurz anschwitzen. Die Tomaten würfeln, zu dem Lauchgemüse geben und ebenfalls kurz anschwitzen. Mit dem Weißwein ablöschen und alles unter gelegentlichem Rühren bissfest garen.
❒ Einen Teelöffel Salz, Curry und die Kräuter unterrühren und weitere fünf Minuten köcheln lassen. Sahne unterziehen und das Gemüse vom Herd nehmen.
❒ Eine Auflaufform fetten und zwei Drittel des Reises hineingeben. Das Gemüse darauf verteilen und mit dem restlichen Reis bedecken.
❒ Crème fraîche mit dem Ziegenfrischkäse und der Milch verrühren und auf dem Reis und dem Gemüse verteilen.
❒ Das Gratin im Backofen bei 200 °C etwa 40 Minuten schön braun backen.

Sauerkrautauflauf mit Cidre

Gratin de choucroute et de cidre

500 g mildes Weinsauerkraut
Butter oder Öl für die Form
4 Karotten
3 Äpfel
Meersalz
frisch gemahlener schwarzer Pfeffer
3 Eier
150 ml trockener Cidre (brut) oder ungesüßter Apfelsaft
250 g Crème fraîche
2 TL mittelscharfer Senf
1 MSP fein gemahlener Kümmel
3 EL Hefeflocken
4 EL fein gehackte krause Petersilie
2 EL fein gehackter Majoran
200 g mittelreifer Camembert

- ❒ Das Sauerkraut gut abtropfen lassen.
- ❒ Eine rechteckige Auflaufform gut mit Butter oder Öl einfetten.
- ❒ Die Karotten schälen und grob raspeln. Die Äpfel schälen, entkernen und in dünne Spalten schneiden.
- ❒ Zuerst die Hälfte des Sauerkrauts, dann die Karotten und die Apfelspalten in die Auflaufform schichten. Die Apfelspalten mit Salz und Pfeffer würzen und das restliche Sauerkraut darauf verteilen.
- ❒ Die Eier mit Cidre, Crème fraîche, Senf, Kümmel, Hefeflocken und den Kräutern verrühren. Mit Salz und Pfeffer abschmecken.
- ❒ Den Camembert in sehr dünne Scheiben schneiden und auf dem Sauerkraut verteilen.
- ❒ Die Eiermasse darübergießen und den Auflauf im Backofen bei 200 °C etwa 40 bis 45 Minuten backen, bis das Gemüse gar und die Eiermasse gestockt ist.

Spargelgratin

Gratin d'asperges

1 ½ kg weißer Spargel
Meersalz
1 Lorbeerblatt
1 TL Roh-Rohrzucker
3 EL zerlassene Butter
Butter oder Öl für die Form
4 Fleischtomaten
frisch gemahlener weißer Pfeffer
½ Bund Basilikum
½ Bund glatte Petersilie
150 g Roquefort oder anderer (milderer) Blauschimmelkäse
225 ml Sahne
1 ½ EL frisch gepresster Zitronensaft
8 EL Semmelbrösel (etwa 60 g)
75 g geraspelter Hartkäse, z. B. Beaufort oder Comté

- Den Spargel schälen, dann in reichlich Salzwasser mit Lorbeerblatt und Zucker etwa 20 Minuten bissfest kochen. Danach gut abtropfen lassen und in der zerlassenen Butter schwenken.
- Den Spargel in eine gefettete Auflaufform geben.
- Die Tomaten in Scheiben schneiden und auf dem Spargel verteilen. Mit Salz und Pfeffer würzen.
- Das Basilikum und die Petersilie kurz abbrausen, trocken tupfen und fein hacken.
- Roquefort mit einer Gabel fein zerkrümeln und mit der Sahne verrühren. Zitronensaft und die Kräuter unterrühren und mit Pfeffer würzen.
- Die Roquefortcreme auf dem Gemüse verteilen und glatt streichen. Zuerst mit den Semmelbröseln, dann mit dem geraspelten Hartkäse bestreuen.
- Im Backofen bei 180 °C etwa 20 Minuten gratinieren, bis die Oberfläche etwas angebräunt ist.

Überbackener Chicorée mit Roquefort

Endives gratinées au Roquefort

4 große Chicorée
Meersalz
frisch gepresster Saft einer halben Zitrone
½ TL Roh-Rohrzucker
Öl oder Butter für die Form
4 EL Olivenöl
1 Bund krause Petersilie
200 g Roquefort oder anderer (milderer) Blauschimmelkäse
150 g Crème fraîche
frisch gemahlener weißer Pfeffer

- Den Chicorée waschen und jeweils den Strunk keilförmig herausschneiden.
- Dann den Chicorée in kochendem Salzwasser, dem der Zitronensaft und Zucker zugegeben worden ist, etwa zehn Minuten bissfest garen. Gut abtropfen und etwas abkühlen lassen. Danach den Chicorée der Länge nach halbieren.
- Eine Auflaufform mit etwas Öl oder Butter fetten und die Chicoréehälften mit den Schnittflächen nach oben darin verteilen. Mit dem Olivenöl beträufeln.
- Die Petersilie kurz abbrausen, trocken tupfen und fein hacken.
- Den Roquefort mit einer Gabel fein zerkrümeln, die Crème fraîche und die Hälfte der gehackten Petersilie unterrühren. Mit Salz und Pfeffer würzen.
- Die Käsemasse auf den Chicoréehälften verteilen und glatt streichen.
- Den Chicorée im Backofen bei 200 °C etwa 10 bis 15 Minuten gratinieren, bis der Käse zerlaufen und leicht angebräunt ist.
- Mit der verbliebenen Petersilie bestreuen und servieren.

Käsesoufflé

Soufflé au fromage

80 g Butter
80 g Weizenmehl (Type 1050)
1 MSP Trockenhefe
400 ml Milch
2 MSP frisch geriebene Muskatnuss
1 TL mildes Paprikapulver
1 TL Meersalz
frisch gemahlener weißer Pfeffer
100 g Emmentaler oder Beaufort
100 g milder Blauschimmelkäse
4 frische Eier
1 MSP feines Meersalz
Butter für die Form

- Butter in einem Topf schmelzen und Mehl sowie Hefe unter ständigem Rühren hinzufügen. Kurz aufkochen lassen.
- Die Temperatur reduzieren, dann nach und nach die Milch einrühren. Fünf bis sechs Minuten unter Rühren köcheln lassen, dann den Topf vom Herd nehmen.
- Muskatnuss und Paprikapulver, Salz und Pfeffer unterrühren.
- Den Emmentaler raspeln, den Blauschimmelkäse in feine Würfel schneiden und ebenfalls unterrühren.
- Die Eier trennen und das Eigelb einzeln mit der Käsemasse verrühren. Eiweiß mit einer Prise feinem Meersalz sehr steif schlagen und vorsichtig unter die Soufflémasse heben.
- Eine runde, feuerfeste Form sehr gut mit Butter einfetten und die Soufflémasse vorsichtig in die Form geben. Mit einem Messer zwischen dem Teig und der Form entlangfahren, damit das Soufflé gut aufgehen kann.
- Das Soufflé auf der mittleren Schiene des Backofens bei 180 °C 15 Minuten backen. Die Temperatur auf 200 °C erhöhen und 30 bis 35 Minuten weiterbacken lassen, bis die Oberfläche schön gebräunt ist.

- *Achtung: Während der Backzeit nicht die Backofentür öffnen! Sofort servieren.*

Crêperie des Remparts
Service en terrasse
Côté jardin
Crêperie des Remparts
Salades
Omelettes
Crêpes
Galettes
Glaces

BANANIA
830 EVE 77

Eierspeisen und Pfannkuchen

Omelettes, Crêpes et Galettes

Backofenomelett mit Zucchini

Omelette fondante aux courgettes

800 g Zucchini
3 – 4 EL Rapsöl
Meersalz
frisch gemahlener schwarzer Pfeffer
8 Eier
2 EL fein gehackter Schnittlauch
2 EL fein gehackte krause Petersilie
150 g Crème fraîche
200 g Fromage blanc (mit mittlerem Fettgehalt), ersatzweise Speisequark (20 % Fett)
1 – 2 MSP gemahlener roter Pfeffer
(vorzugsweise Piment d'Espelette aus dem Baskenland)
Öl für die Form
2 Tomaten
5 – 6 EL Sonnenblumenkerne oder grob gehackte Pinienkerne

- Zucchini kurz abbrausen, trocken tupfen und grob raspeln. Im heißen Öl in der Pfanne anschwitzen und mit Salz und Pfeffer würzen.
- Die Eier schaumig schlagen, dann den Schnittlauch, die Petersilie, Crème fraîche und Fromage blanc unterrühren. Mit rotem Pfeffer und etwas Salz abschmecken.
- Eine runde, hochwandige Auflaufform gut mit Öl einfetten. Die Zucchini hineingeben und glatt streichen.
- Die Eiermasse darübergießen und ebenfalls glatt streichen.
- Die Tomaten fein würfeln und auf der Eiermasse verteilen.
- Im Backofen bei 200 °C etwa 25 Minuten backen, bis die Eier stocken und die Oberfläche leicht gebräunt ist. Fünf Minuten vor Ende der Backzeit die Sonnenblumen- oder Pinienkerne auf das Backofenomelett streuen. Das Omelett im Backofen fertig backen.

Bretonische Buchweizenpfannkuchen

Galettes de sarrasin

Für etwa 10 Pfannkuchen:
250 g Buchweizenmehl
1 – 2 TL Meersalz
2 Eier
500 ml Milch
Butter oder Rapsöl zum Braten

- Das Mehl mit dem Salz in einer Schüssel vermischen, in der Mitte eine Mulde ausformen und die Eier hineinschlagen.
- Die Eier gut mit dem Mehl vermischen, dann nach und nach die Milch hinzugießen und weiterrühren, bis ein flüssiger, aber dennoch cremiger Teig entstanden ist.
- Den Teig ein bis zwei Stunden im Kühlschrank ruhen lassen. Danach noch einmal gründlich durchrühren.
- Pro Galette ein wenig Butter oder Öl in einer flachen (Crêpes-)Pfanne erhitzen und etwa eine große Schöpfkelle voll Teig in die heiße Pfanne gießen.
- Mit einem Teigschaber den Teig schnell als sehr dünne Schicht auf der heißen Fläche verteilen. Sobald der Teig stockt und auf der Unterseite etwas angebräunt ist (geht sehr schnell!), die Galette mit einem Pfannenwender umdrehen.
- Die fertigen Pfannkuchen auf einen flachen Teller geben und warm halten.

Galette und Crêpe sind bretonische Nationalgerichte schlechthin. Manche Bretonen behaupten sogar, dass der Pfannkuchen in der Bretagne erfunden worden ist. Sofern es sich um den Pfannkuchen aus Buchweizenmehl handelt, mögen sie sogar Recht haben. Da der Buchweizen im Gegensatz zu Weizen und anderem Getreide auf den kargen Böden der Bretagne vorzüglich gedeiht, ist er dort seit dem Mittelalter weit verbreitet. Man aß die dünnen, etwas salzigen Pfannkuchen ohne Belag oder nur leicht gebuttert. Nur in den wohlhabenderen Gebieten von Rennes oder Vannes konnte man sich das teurere Weizenmehl leisten.
Heute ist die Galette aus Buchweizenmehl zur Pizza der Bretagne mutiert. Imbissstände, die Crêpe oder Galette anbieten, gibt es in der Hauptsaison wie Sand am Meer.

Bei der Füllung sind der Fantasie keine Grenzen gesetzt. Erlaubt ist, was Mund und Magen gefällt, beispielweise:

- Spiegelei und geraspelter Hartkäse
- Tomatenscheiben und Ziegenkäse
- angedünstete Apfelscheiben und Camembert
- Auberginenpüree und geraspelter Hartkäse
- Paprikastreifen und Mozzarella
- Champignons in Béchamelsauce

- *Einem Grundsatz bleibt jedoch auch der moderne Bretone treu: Die salzige Galette wird immer mit einer salzigen Füllung gegessen, die gesüßte Crêpe aus hellem Weizenmehl mit einer süßen Füllung. Das passende Begleitgetränk ist, wie könnte es in der Bretagne auch anders sein, der Cidre.*

Galette mit Champignonfüllung

Galettes de sarrasin aux champignons

Für die Champignonfüllung:
500 g braune Champignons
2 Schalotten
4 EL Butter
1 Bund Schnittlauch
3 EL Weizenmehl (Type 1050)
250 ml heiße Milch
1 MSP frisch geriebene Muskatnuss
1 TL Meersalz
frisch gemahlener weißer Pfeffer
50 ml trockener Weißwein, ersatzweise Wasser mit 1 EL Weißweinessig

8 Buchweizenpfannkuchen (siehe Rezept auf Seite 138)

- Die Champignons mit feuchtem Küchenpapier säubern und in Scheiben schneiden.
- Die Schalotten schälen, fein hacken und in zwei Esslöffel Butter anschwitzen. Die Champignons dazugeben und unter gelegentlichem Rühren bissfest garen.
- Den Schnittlauch in feine Röllchen schneiden und zu den Champignons geben. In der Pfanne warm halten.
- In einem kleinen Suppentopf zwei Esslöffel Butter zum Schmelzen bringen und mit dem Mehl bestäuben. Nach und nach und unter ständigem Rühren die heiße Milch dazugießen und so lange rühren, bis eine sämige Sauce entstanden ist. Mit Muskatnuss, Salz und Pfeffer abschmecken. Den Wein unterrühren.
- Die Sauce zu den Champignons geben und gründlich vermischen. Nochmals gut erwärmen und die Buchweizenpfannkuchen damit füllen.

Galette mit Honigapfel und Camembert

Galettes farcies aux pommes rôties au miel et camembert

3 kleine Äpfel
3 – 4 EL Butter
3 EL flüssiger Waldhonig
1 TL fein gehackter Thymian
feines Meersalz
frisch gemahlener schwarzer Pfeffer
4 Buchweizenpfannkuchen (siehe Rezept von Seite 138)
Butter oder Öl für die Form
50 g grob gehackte Walnusskerne
150 g reifer Camembert
4 EL fein gehackter Schnittlauch

- Die Äpfel vierteln, entkernen und in dünne Spalten schneiden.
- Die Butter in der Pfanne erhitzen. Die Apfelspalten darin von beiden Seiten goldgelb braten. Vorsichtig den Honig und Thymian unterheben. Mit einer Prise Salz und Pfeffer würzen.
- Die Apfelspalten mittig auf den Buchweizenpfannkuchen verteilen.
- Die Buchweizenpfannkuchen zusammenrollen und in eine gefettete Auflaufform geben.
- Die Pfanne mit etwas Küchenpapier säubern und die Walnusskerne darin kurz anrösten, bis sie duften.
- Die Buchweizenpfannkuchen mit den Walnusskernen überstreuen.
- Den Camembert fein würfeln und über die Buchweizenpfannkuchen geben.
- Die Pfannkuchen im Backofen bei 200 °C kurz überbacken, bis der Camembert leicht gebräunt ist.
- Mit dem Schnittlauch überstreuen und servieren.

- *Mit einer feinen Vorspeise wie dem lauwarmen Linsensalat mit Austernpilzen von Seite 58 oder einer leckeren Suppe wie der Kürbiscremesuppe von Seite 87 ergibt die gefüllte Galette eine vollwertige Mahlzeit. Wenn Sie sich nur an der Galette satt essen möchten, verdoppeln Sie bitte die Zutaten im Rezept und bereiten Sie acht Buchweizenpfannkuchen zu.*

Vollkorn-Crêpes mit Paprika-Tomaten-Füllung

Crêpes à la basquaise

Für die Vollkorn-Crêpes:
150 g Weizenvollkornmehl
1 TL Backpulver
1 TL Meersalz
1 Ei
100 ml Wasser
150 ml Milch

Für die Füllung:
1 kleine rote Zwiebel
2 Knoblauchzehen
4 EL Olivenöl
4 rote Paprikaschoten
4 Tomaten
½ Bund Basilikum
3 TL mildes Paprikapulver
1 MSP gemahlener roter Pfeffer
(vorzugsweise Piment d'Espelette aus dem Baskenland)
Meersalz

Für die Frischkäseschicht:
½ kleine Peperoni
200 g Frischkäse (Fettgehalt nach Wahl)
4 EL Tomatenmark
60 ml Milch oder Sahne
Meersalz
4 EL Sonnenblumen- oder Rapsöl
etwas Öl für die Form

❐ Für die **Crêpes** das Mehl mit dem Backpulver und Salz in einer Schüssel verrühren. In der Mitte eine Mulde ausformen und das Ei hineinschlagen. Gut mit dem Mehl vermischen, dann nach und nach zuerst das Wasser und dann die Milch hinzufügen, bis ein glatter, relativ flüssiger Teig entstanden ist.
Den Teig mindestens eine Stunde ruhen lassen.

- In der Zwischenzeit für die **Füllung** die Zwiebel und Knoblauchzehen schälen, fein hacken und in der Hälfte des Olivenöls anschwitzen.
- Die Paprika würfeln. Die Paprika sowie den Rest des Olivenöls in die Pfanne zu den Zwiebeln und dem Knoblauch geben und die Paprika kurz anschwitzen.
- Die Tomaten mit kochend heißem Wasser überbrühen, abschrecken, enthäuten und würfeln. Zum Paprikagemüse in die Pfanne geben und alles unter gelegentlichem Rühren bissfest schmoren.
- Das Basilikum kurz abbrausen, trocken tupfen und fein hacken.
- Mit dem Paprikapulver und Pfeffer zum Gemüse geben und mit Salz abschmecken. Warm halten.
- Für die **Käseschicht** die Peperoni halbieren, die weißen Seitenstränge und Samen entfernen und die Peperoni sehr fein hacken.
- Den Frischkäse mit dem Tomatenmark und der Milch verrühren, die gehackte Peperoni dazugeben und mit etwas Salz abschmecken.
- Pro Crêpe einen Esslöffel Öl in einer flachen (am besten beschichteten) Pfanne erhitzen und hintereinander vier dünne Crêpes ausbacken.
- Die Crêpe mit dem Paprikagemüse füllen, aufrollen und in eine gefettete Auflaufform legen. Mit dem angemachten Frischkäse bestreichen.
- Im Backofen bei 180 °C etwa 15 Minuten gratinieren, bis die Frischkäseschicht leicht gebräunt ist.
- Die heißen Crêpes sofort servieren.

Mehrfarbiges Schichtenomelett

Mille-feuilles d'Omelettes

Für das Schichtenomelett werden fünf kleine Omeletts, die mit unterschiedlichen Würzzutaten angereichert worden sind, aufeinander geschichtet und während des Kühlvorgangs gepresst, sodass sie zum Servieren in mundgerechte Würfel geschnitten werden können. Ein leckerer Hingucker zum Apéro oder ein kleiner Snack für zwischendurch!

Grundzutaten:
5 × 2 Eier
Meersalz
frisch gemahlener schwarzer Pfeffer

- Jeweils zwei Eier getrennt in verschiedene kleine Rührschüsseln schlagen, mit Salz und Pfeffer würzen und schaumig rühren.

Für die fünf verschiedenen Geschmacksrichtungen werden verwendet:

Zwiebel und Knoblauch
1 fein gehackte kleine Zwiebel
1 fein gehackte Knoblauchzehe
2 EL Butter

- Die Zwiebel und die Knoblauchzehe in einem Esslöffel Butter anschwitzen. Einen weiteren Esslöffel Butter in der Pfanne schmelzen lassen und die Eiermasse aus zwei Eiern darübergießen. Das Omelett von beiden Seiten ausbacken.

Paprika
½ sehr fein gehackte rote Paprikaschote
1 TL mildes Paprikapulver
1 EL Butter

- Die Paprikawürfel und das Paprikapulver mit den zwei schaumig geschlagenen Eiern verrühren und das Omelett in der Butter ausbacken.

Geschmorte Tomate
1 kleine Tomate
2 EL Butter
2 EL Tomatenmark

- Die Tomate mit kochend heißem Wasser überbrühen, kurz abschrecken und enthäuten. Sehr fein würfeln und in einem Esslöffel Butter schmoren, bis das Fruchtfleisch zerfällt.
- Tomatenwürfel und Tomatenmark mit den zwei schaumig geschlagenen Eiern verrühren und das Omelett in einem Esslöffel Butter ausbacken.

Gartenkräuter
2 EL fein gehacktes Basilikum
2 EL fein gehackte glatte Petersilie
1 EL fein gehackter Kerbel
1 EL fein gehackter Estragon
1 EL Butter

- Die Kräuter mit den zwei schaumig gerührten Eiern vermischen und das Omelett in einem Esslöffel Butter ausbacken.

Reibekäse
4 EL fein geraspelter Comté, Mimolette oder Beaufort
4 EL Sahne
1 EL Butter

- Den Käse und die Sahne mit den zwei schaumig geschlagenen Eiern verrühren und das Omelett in einem Esslöffel Butter ausbacken.

So wird das Schichtenomelett fertig zubereitet:
- Die fünf Omeletts auf einem großen Teller oder einer Servierplatte aufeinander schichten. Obenauf einen zweiten Teller legen und mit einem Gewicht (beispielsweise eine Konservendose) beschweren.
- Das Schichtenomelett mindestens zwei Stunden im Kühlschrank ruhen lassen. Dann in mundgerechte Würfel schneiden, in jeden Würfel einen Zahnstocher stecken und servieren.

Omelett auf baskische Art

Piperade basquaise

6 Tomaten
3 grüne Paprikaschoten
2 große Zwiebeln
2 – 4 Knoblauchzehen
2 EL Olivenöl
1 Bund glatte Petersilie
8 Eier
Meersalz
frisch gemahlener schwarzer Pfeffer
1 MSP gemahlener roter Pfeffer
(vorzugsweise Piment d'Espelette aus dem Baskenland)

- ❒ Die Tomaten mit kochend heißem Wasser überbrühen, kurz abschrecken, enthäuten und achteln.
- ❒ Die Paprika in dünne Streifen schneiden. Die Zwiebeln und den Knoblauch schälen und fein hacken.
- ❒ Das Öl in einer hochwandigen Pfanne erhitzen. Zuerst die Zwiebeln und den Knoblauch darin anschwitzen, dann die Paprika hinzufügen und ebenfalls anschwitzen.
- ❒ Die Tomaten hinzufügen und das Gemüse etwa 20 Minuten mit geschlossenem Deckel und unter gelegentlichem Rühren einkochen. Das Gemüse muss vor Zugabe der Eier »trocken« sein, es darf also keinen Saft mehr abgeben.
- ❒ Die Petersilie kurz abbrausen, trocken tupfen und fein hacken.
- ❒ Die Eier in eine Schüssel schlagen und mit dem Schneebesen verrühren. Die gehackte Petersilie dazugeben und herzhaft mit Salz und Pfeffer abschmecken.
- ❒ Die Eiermasse über das Gemüse in der Pfanne gießen, nur kurz verrühren und alles bei mittlerer Temperatur stocken lassen.
- ❒ Die Eiermasse sollte jedoch nicht ganz hart werden, weil die Piperade, rein kochtechnisch gesehen, ein Mittelding zwischen Rührei und Omelett ist.
- ❒ Vor dem Servieren mit etwas rotem Pfeffer würzen und ofenfrisches Baguette dazu reichen.

Omelett mit Knoblauchcroûtons

Omelette aux croûtons d'ail

3 Scheiben Roggenbrot oder Roggenvollkorntoastbrot
2 Knoblauchzehen
½ Bund Schnittlauch
8 Eier
200 g Crème fraîche
Meersalz
frisch gemahlener weißer Pfeffer
2–3 EL Olivenöl

- Das Brot im Toaster kross rösten. Die Knoblauchzehen schälen, halbieren und die Brotscheiben damit kräftig einreiben. Danach das Brot in Würfel schneiden.
- Den Schnittlauch kurz abbrausen, trocken tupfen und in feine Röllchen schneiden.
- Die Eier schaumig rühren und die Crème fraîche unterziehen. Herzhaft mit Salz und Pfeffer abschmecken.
- Den Schnittlauch unterrühren.
- Das Olivenöl in der Pfanne verstreichen und erhitzen. Die Hälfte der Eiermasse in die Pfanne gießen. Die Croûtons darauf verteilen, dann den Rest der Eiermasse darübergeben.
- Bei knapp mittlerer Temperatur langsam stocken lassen.

Omelett auf provenzalische Art

Omelette provençale

Für den Teig:
250 g geröstetes Kichererbsenmehl
1 TL feines Meersalz
½ TL Backpulver
3 – 4 EL Olivenöl
500 ml Wasser
3 EL fein gehackte glatte Petersilie

Für die Füllung:
3 Frühlingszwiebeln
2 Knoblauchzehen
5 – 7 EL Olivenöl (50 – 70 ml)
1 kleine rote Paprikaschote
1 kleiner Zucchino
½ kleine Aubergine
2 TL getrocknete Kräuter der Provence
2 EL Tomatenmark
1 TL Weißweinessig
1 TL mildes Paprikapulver
Meersalz
frisch gemahlener schwarzer Pfeffer
3 – 4 EL Olivenöl zum Braten

- ❒ Für den **Teig** das Kichererbsenmehl mit dem Salz, Backpulver und Öl vermischen.
- ❒ Das Wasser mit einem Schneebesen in kleinen Portionen unterrühren. So lange rühren, bis alle Klümpchen sich aufgelöst haben und ein glatter Teig entstanden ist.
- ❒ Den Teig etwa 20 Minuten ruhen lassen.
- ❒ Vor dem Verarbeiten nochmals gründlich durchrühren und die Petersilie unterziehen.
- ❒ Für die **Füllung** die Frühlingszwiebeln in feine Scheiben schneiden.
- ❒ Den Knoblauch schälen, fein hacken und mit den Frühlingszwiebeln in zwei bis drei Esslöffel heißem Öl anschwitzen.
- ❒ Die Paprika, den Zucchino und die Aubergine jeweils fein würfeln.

- Das Gemüse in der Reihenfolge Paprika, Zucchino und Aubergine zu den Frühlingszwiebeln und dem Knoblauch in die Pfanne geben und jeweils kurz anschwitzen. Die Kräuter der Provence hinzufügen und das Gemüse so lange schmoren, bis es weich ist.
- Das Tomatenmark, den Essig und das Paprikapulver unterrühren und nochmals kurz schmoren. Das Gemüse herzhaft mit Salz und Pfeffer abschmecken und aus der Pfanne nehmen.
- Die Pfanne säubern und drei bis vier Esslöffel Öl in der Pfanne verteilen.
- Knapp die Hälfte des Teigs in das heiße Öl in der Pfanne geben und glatt streichen.
- Das Gemüse darauf verteilen und glatt streichen. Den verbliebenen Teig darübergießen und glatt streichen.
- Das Omelett bei niedriger Temperatur und mit aufgelegtem Deckel langsam(!) stocken lassen.
- Kurz vor Ende der Garzeit den Deckel abnehmen, damit die restliche Flüssigkeit verdampfen kann. Noch in der Pfanne in vier Portionen teilen und servieren.

Mini-Omelett mit Pilzen

Mini-Omelettes à la forestière

Für 10 kleine Omeletts:

200 g geröstetes Kichererbsenmehl
50 g Maisgrieß
1 leicht gehäufter TL Johannisbrotkernmehl
1 TL Backpulver
1 TL Meersalz
1 TL gemahlene Kurkuma (falls erwünscht)
2 MSP frisch gemahlener weißer Pfeffer
1 MSP frisch geriebene Muskatnuss
6 – 7 EL Rapsöl (60 – 70 ml)
300 ml Wasser
1 kleine gelbe Zwiebel
1 kleine rote Zwiebel
250 g braune Champignons
4 – 5 EL fein gehackte glatte Petersilie
1 TL fein gehackter Thymian
Meersalz
Rapsöl zum Braten

❒ Das Kichererbsenmehl, den Maisgrieß, das Johannisbrotkernmehl, Backpulver, Salz, die Kurkuma, den Pfeffer und die Muskatnuss in einer Schüssel gut vermischen.

❒ Vier Esslöffel Öl unterrühren. Das Wasser mit einem Schneebesen in kleinen Portionen unterrühren. So lange rühren, bis sich alle Klümpchen aufgelöst haben und ein glatter Teig entstanden ist.

❒ Den Teig etwa 30 Minuten ruhen lassen. Danach vor der Weiterverwendung noch einmal gut durchrühren.

❒ Die Zwiebeln schälen, fein hacken und in zwei bis drei Esslöffel Öl anschwitzen.

❒ Die Champignons mit feuchtem Küchenpapier säubern, fein würfeln und zu den Zwiebeln in die Pfanne geben. So lange unter gelegentlichem Rühren schmoren, bis das Gemüse weich ist.

❒ Die Petersilie sowie den Thymian unterrühren und das Gemüse mit etwas Salz abschmecken.

- Die Pfanne vom Herd nehmen und das Gemüse etwa zehn Minuten abkühlen lassen.
- Danach das Gemüse zum Teig in die Schüssel geben und alles gut vermischen. Die Pfanne säubern.
- Pro Omelett eine kleine Schöpfkelle Teig in reichlich Öl in der Pfanne ausbacken, bis die Unterseite leicht gebräunt ist. Das Omelett wenden und nochmals so lange braten, bis die andere Seite ebenfalls leicht gebräunt ist. Im Backofen warm halten, bis alle Omeletts ausgebacken sind.

- *Die Kurkuma verleiht den Mini-Omeletts eine schöne gelbe Farbe. Wenn Sie eine Pfanne mit einem Durchmesser von mindestens 28 Zentimeter verwenden, können Sie jeweils zwei Omeletts auf einmal darin ausbacken.*

33

Beilagen

Garnitures

Knusprige Kartoffelspalten aus dem Ofen

Pommes de terre rôties au four

8 mittelgroße Kartoffeln (gut 1 kg)
5 – 6 EL Olivenöl (50 – 60 ml)
3 – 4 EL Hefeflocken
2 EL grobkörniger Senf (Moutarde à l'ancienne)
2 Knoblauchzehen
2 TL mildes Paprikapulver
2 TL getrocknete Kräuter der Provence
Meersalz
frisch gemahlener schwarzer Pfeffer

- ❑ Die Kartoffeln unter fließendem Wasser abbürsten (nicht schälen!). Danach mit Küchenpapier trocknen und in etwa gleich große Spalten schneiden.
- ❑ Das Olivenöl mit den Hefeflocken, dem Senf, den geschälten und sehr fein gehackten Knoblauchzehen, Paprikapulver und den Kräutern der Provence zu einer Marinade verrühren.
- ❑ Die Marinade mit den Kartoffelspalten verrühren. Darauf achten, dass die Kartoffelspalten von allen Seiten mit der Marinade überzogen sind.
- ❑ Herzhaft mit Salz und Pfeffer würzen und die Kartoffelspalten 15 Minuten ziehen lassen.
- ❑ Danach auf ein mit Backpapier ausgelegtes Backblech geben und im Backofen bei 200 °C gut 30 Minuten backen, bis die Kartoffelspalten schön knusprig sind.

- *Die Kartoffelspalten mit würzigem Aïoli (siehe Seiten 100 oder 101), scharfer Rouille (siehe Seite 102) oder dem leckeren Pinienkerne-Dip (siehe Seite 98) servieren.*

Backofentomaten auf provenzalische Art

Tomates provençales au four

4 Fleischtomaten
1 Bund glatte Petersilie
2 – 3 Knoblauchzehen
70 g Semmelbrösel
Meersalz
frisch gemahlener schwarzer Pfeffer
Olivenöl für die Form
8 TL Olivenöl

- Die Tomaten halbieren.
- Die Petersilie kurz abbrausen, trocken tupfen und fein hacken.
- Die Knoblauchzehen schälen, sehr fein hacken und mit den Semmelbröseln und der Petersilie vermischen. Mit Salz und Pfeffer abschmecken.
- Die Tomatenhälften in eine gut gefettete Auflaufform geben. Die Semmelbrösel-Kräuter-Zubereitung auf den Tomatenhälften verteilen. Jede Hälfte mit einem Teelöffel Olivenöl beträufeln.
- Die Tomaten im Backofen mit eingeschaltetem Grill oder bei Oberhitze bei 200 °C etwa 15 Minuten gratinieren, bis die Semmelbrösel schön gebräunt sind.

In der Provence werden die Backofentomaten traditionell ohne Käse überbacken. Falls Sie ein ausgesprochener Käsefan sein sollten, können Sie die Tomatenhälften vor dem Backen zusätzlich noch mit 100 Gramm fein geraspeltem Gruyère oder Comté überstreuen.

Dattelconfit

Confit de dattes

3 Zwiebeln (insgesamt etwa 300 g)
2–3 EL Olivenöl
1 Apfel
175 g getrocknete und entsteinte Datteln
2 EL Roh-Rohrzucker
2 EL Weißweinessig
1 EL fein gehackter Majoran
2 TL rotes Ras el-Hanout (Gewürzmischung für Couscous, siehe Seite 43)
Meersalz

- Die Zwiebeln schälen, fein würfeln und im heißen Olivenöl leicht anbräunen.
- Den fein gewürfelten Apfel, die in feine Scheiben geschnittenen Datteln, den Zucker und Essig hinzufügen. Das Dattelconfit so lange unter gelegentlichem Rühren schmoren, bis die Zwiebeln sehr weich und die Apfelwürfel zerfallen sind.
- Den Majoran und Ras el-Hanout unterrühren und das Dattelconfit drei bis vier weitere Minuten schmoren.
- Das Dattelconfit herzhaft mit Salz abschmecken und direkt aus der Pfanne oder auch abgekühlt servieren.

- *Das Mengenverhältnis von Zwiebeln und Datteln sollte wie im Rezept angegeben möglichst eingehalten werden.*

Gefüllte Auberginen

Aubergines farcies

2 mittelgroße Auberginen
feines Meersalz
1 rote Zwiebel
2 Knoblauchzehen
2–3 EL Olivenöl
4 Tomaten
75 g Sultaninen
1 ½ TL Kräuter der Provence
frisch gepresster Saft einer halben kleinen Zitrone
75 g Semmelbrösel
3 EL Tomatenmark
5 EL Pinienkerne
Meersalz
frisch gemahlener schwarzer Pfeffer
Öl für die Form

- Die Auberginen der Länge nach halbieren und das Fruchtfleisch mit dem Messer oder einem Kugelausstecher ausstechen, sodass ein knapp ein Zentimeter breiter Rand bleibt.
- Die ausgehöhlten Auberginenhälften innen mit reichlich Salz bestreuen und so lange ziehen lassen, bis die Füllung fertig ist.
- Für die Füllung die Zwiebel und den Knoblauch schälen, fein hacken und im heißem Olivenöl anschwitzen. Das Fruchtfleisch der Auberginen fein würfeln und zur Zwiebel und zum Knoblauch in die Pfanne geben. Kurz anbraten, dann die fein gewürfelten Tomaten, die Sultaninen, Kräuter der Provence und den Zitronensaft hinzufügen. Unter gelegentlichem Rühren so lange schmoren, bis die Auberginenwürfel weich und die Tomaten zerfallen sind.
- Semmelbrösel, Tomatenmark und Pinienkerne hinzufügen und das Gemüse drei bis vier Minuten schmoren. Mit Salz und Pfeffer abschmecken.
- Auberginenhälften unter klarem Wasser abbrausen und mit Küchenpapier trocken tupfen. Füllung auf die Auberginenhälften verteilen und glatt streichen.
- Die gefüllten Auberginen in eine gut eingeölte Auflaufform legen und in den nicht vorgeheizten Backofen geben. Auberginen 50 Minuten bei 200 °C backen. Falls die Füllung zum Ende zu braun wird, mit etwas Backpapier abdecken.

Gefüllte Riesenchampignons mit Frischkäse

Champignons farcis

4 Riesenchampignons
1 – 2 EL frisch gepresster Zitronensaft
etwas Butter oder Rapsöl für die Form
1 Schalotte
1 Knoblauchzehe
2 EL Butter oder Rapsöl
50 g Semmelbrösel
4 EL Hefeflocken
1 EL fein gehackter Rosmarin
1 EL fein gehackter Majoran
200 g Frischkäse
4 EL Crème fraîche
Meersalz
frisch gemahlener schwarzer Pfeffer

- Die Riesenchampignons mit feuchtem Küchenpapier säubern und die Stiele abtrennen. Das Innere der Champignons sofort mit etwas Zitronensaft beträufeln, um Verfärbungen zu vermeiden.
- Die Champignonköpfe in eine gefettete Auflaufform setzen.
- Den unteren Teil der Stiele abtrennen, den Rest fein würfeln und zusammen mit der geschälten und fein gehackten Schalotte und der fein gehackten Knoblauchzehe in der Butter anschwitzen.
- Die Semmelbrösel, Hefeflocken, den Rosmarin, Majoran, den Frischkäse und die Crème fraîche dazugeben und mit Salz und Pfeffer abschmecken.
- Die Champignons mit der Masse füllen, dabei die Füllung etwas andrücken. Falls noch etwas von der Frischcrememasse übrig sein sollte, diese in die Zwischenräume in die Form geben.
- Die Riesenchampignons bei 180 °C im Backofen etwa 30 Minuten backen, bis das Fruchtfleisch weich und die Kruste kross ist.

Gefüllte Zucchini auf provenzalische Art

Courgettes farcies à la provençale

4 mittelgroße Zucchini
6 EL Olivenöl (60 ml)
Meersalz
frisch gemahlener schwarzer Pfeffer
2 Schalotten
2 Knoblauchzehen
1 TL getrocknete Kräuter der Provence
5 EL Pinienkerne
5–6 EL Semmelbrösel
140 g Tomatenmark
5–6 EL rote Tapenade (siehe Seite 104)
75 g fein geraspelter Emmentaler oder Beaufort
1 TL mildes Paprikapulver

- Die Zucchini der Länge nach halbieren. Mit einem scharfkantigen Löffel oder einem Kugelausstecher aushöhlen und auf ein mit Backpapier ausgelegtes Backblech geben.
- Jede Zucchinihälfte mit einem Teelöffel Olivenöl einstreichen, etwas salzen und pfeffern und im Backofen bei 160 °C etwa 15 Minuten vorgaren.
- Das Zucchinifleisch fein würfeln.
- Die Schalotten und die Knoblauchzehen schälen, fein hacken und in den verbliebenen zwei Esslöffel Olivenöl anschwitzen. Das Zucchinifleisch und die Kräuter der Provence dazugeben und so lange schmoren, bis das Zucchinigemüse weich ist.
- In der Zwischenzeit die Pinienkerne in der trockenen Pfanne kurz anrösten, bis sie duften.
- Das Zucchinigemüse mit den Pinienkernen, den Semmelbröseln, dem Tomatenmark, der Tapenade und dem Emmentaler vermischen. Mit Paprikapulver, Salz und Pfeffer abschmecken.
- Die Füllung auf die Zucchinihälften verteilen und glatt streichen. Die Zucchini bei 180 °C weitere 10 bis 15 Minuten in den Backofen geben.

Geschmorter Fenchel

Fenouil braisé

2 große Fenchelknollen
3 kleine Schalotten
2 Knoblauchzehen
2 – 3 EL Olivenöl
150 ml trockener Weißwein,
ersatzweise ungesüßter Apfelsaft mit 1 EL Weißweinessig
4 Tomaten
3 EL fein gehackter Majoran
1 EL fein gehackter Oregano
1 EL fein gehackter Thymian
½ TL Fenchelsamen
140 g Tomatenmark
Meersalz
frisch gemahlener schwarzer Pfeffer

- ❒ Die Fenchelknollen vierteln. Die harten Strünke herausschneiden und die Fenchelviertel in dünne Spalten schneiden.
- ❒ Die Schalotten und Knoblauchzehen schälen, fein hacken und im heißen Olivenöl anschwitzen.
- ❒ Den Fenchel dazugeben und unter Rühren ebenfalls anschwitzen. Nach fünf Minuten mit dem Weißwein ablöschen.
- ❒ Die Tomaten mit kochend heißem Wasser überbrühen, abschrecken, enthäuten und würfeln. Zum Fenchel geben. Das Gemüse unter gelegentlichem Rühren so lange schmoren, bis es bissfest gegart ist.
- ❒ Die Kräuter, den Fenchelsamen und das Tomatenmark unterrühren, mit Salz und Pfeffer abschmecken und vor dem Servieren nochmals fünf Minuten ziehen lassen.

Gratiniertes Zwiebelgemüse

Gratin d'oignons avignonnais

8 mittelgroße Zwiebeln (insgesamt etwa 1 kg)
6 – 7 EL Olivenöl (60 – 70 ml)
2 TL Puderzucker
2 EL frisch gepresster Zitronensaft
1 EL fein gehackter Thymian
4 MSP fein abgeriebene Zitronenschale
2 EL Weizenmehl (Type 1050)
250 ml Sahne oder pflanzliche Sahne
20 entsteinte grüne Oliven
3 – 4 EL fein gehackte glatte Petersilie
Meersalz
gemahlener roter Pfeffer (vorzugsweise Piment d'Espelette aus dem Baskenland)
Olivenöl für die Suppentassen oder Form
100 g fein geraspelter Beaufort, Gruyère oder Emmentaler
4 – 5 EL Semmelbrösel

- Die Zwiebeln schälen, halbieren und in feine Halbmonde schneiden.
- Drei bis vier Esslöffel Olivenöl in einer großen Pfanne oder einem Schmortopf erhitzen und die Zwiebeln darin anschwitzen. Den Zucker, Zitronensaft, Thymian und die Zitronenschale zu den Zwiebeln geben und alles so lange unter gelegentlichem Rühren schmoren, bis die Zwiebeln weich sind.
- Das Mehl über das Zwiebelgemüse stäuben und dann unterrühren.
- Die Sahne dazugeben und das Zwiebelgemüse nochmals kurz zum Kochen bringen. Dann die Temperatur deutlich reduzieren und die in feine Scheiben geschnittenen Oliven und die Petersilie unterziehen.
- Alles nochmals zwei bis drei Minuten schmoren, dann das Zwiebelgemüse mit Salz und rotem Pfeffer abschmecken.
- Das Zwiebelgemüse auf vier gut eingeölte feuerfeste Suppentassen oder eine flache Auflaufform verteilen und mit dem Käse sowie den Semmelbröseln überstreuen.
- Mit den verbliebenen drei Esslöffel Öl überträufeln und das Zwiebelgemüse im Backofen bei 200 °C mit eingeschalteter Oberhitze oder Grill etwa zehn Minuten gratinieren.

- *Schmeckt lecker auch ohne Käse, dafür mit etwas mehr Öl beträufelt.*

Kartoffelbrioches vom Backblech

Brioches de pommes de terre

800 g mehligkochende Kartoffeln
Meersalz
50 g Butter
100 ml heiße Milch
2 Eier
frisch gemahlener weißer Pfeffer
1 Eigelb
etwas mildes Paprikapulver

- ❒ Die Kartoffeln schälen, würfeln und in reichlich Salzwasser weich kochen.
- ❒ Die gekochten Kartoffeln abtropfen lassen, dann durch eine Kartoffelpresse drücken oder mit einem Kartoffelstampfer zu Brei verarbeiten.
- ❒ Die Butter und die Milch unterrühren, sodass der Kartoffelbrei schön cremig wird. Etwas abkühlen lassen.
- ❒ Die Eier trennen und das Eigelb in den Kartoffelbrei einrühren.
- ❒ Das Eiweiß mit einer Prise Salz sehr steif schlagen und vorsichtig unterziehen.
- ❒ Den Kartoffelbrei mit Salz und Pfeffer abschmecken.
- ❒ Ein Backblech mit Backpapier auslegen.
- ❒ Mit einem Löffel Kartoffelbrioches auf das Backblech setzen: Zuerst einen gehäuften Esslöffel Kartoffelbrei auf das Backblech geben und etwas glätten. Dann noch einen gehäuften Teelöffel Kartoffelbrei daraufsetzen und ebenfalls etwas glätten.
- ❒ Die Kartoffelbrioches mit dem verrührten Eigelb bestreichen und mit etwas Paprikapulver überstäuben.
- ❒ Im Backofen bei 180 °C etwa 30 Minuten backen, bis die Kartoffelbrioches fest geworden sind und die Oberfläche etwas gebräunt ist.

Tomatensoufflé

Tomates soufflés

2 kleine Eier
1 MSP feines Meersalz
100 g Ziegenweichkäse von einer Ziegenkäserolle
2 Knoblauchzehen
2 EL fein gehackter Rosmarin
2 TL Johannisbrotkernmehl
1 TL Meersalz
frisch gemahlener weißer Pfeffer
4 Fleischtomaten
Butter oder Öl für die Form

- Die Eier trennen. Das Eiweiß mit dem Meersalz steif schlagen.
- Den Ziegenweichkäse fein würfeln und mit dem Eigelb verrühren. Die geschälten und sehr fein gehackten Knoblauchzehen, den Rosmarin und das Johannisbrotkernmehl dazugeben, mit Salz und Pfeffer abschmecken.
- Von den Tomaten einen Deckel abschneiden und den Stielansatz mit einem scharfen Messer herausschneiden. Das Fruchtfleisch auskratzen, fein würfeln und zu der Eiermasse geben.
- Das steif geschlagene Eiweiß vorsichtig unter die Masse heben.
- Das Innere der Tomaten mit Küchenpapier trocknen und die Soufflémasse in die ausgehöhlten Tomaten füllen.
- Den Deckel aufsetzen, die Tomaten in eine gefettete Auflaufform geben und im Backofen bei 180 °C etwa 30 Minuten garen.

Weiße Bohnen in Rotweinsauce

Haricots blancs à la bourguignonne

300 g getrocknete weiße Bohnen
1 Zwiebel
2 Knoblauchzehen
4 EL Olivenöl
2 Karotten
2 mittelgroße Kartoffeln
200 ml Wasser
2 Lorbeerblätter
200 ml trockener Rotwein, ersatzweise Tomatensaft mit 2 EL Rotweinessig
1 EL fein gehackter Thymian
1 EL fein gehackter Rosmarin
140 g Tomatenmark
Meersalz
frisch gemahlener schwarzer Pfeffer

- Die Bohnen über Nacht in reichlich Wasser einweichen. In frischem Wasser aufsetzen und bissfest garen. Danach in einen Durchschlag gießen und gut abtropfen lassen.
- Die Zwiebel und Knoblauchzehen schälen, fein hacken und in zwei Esslöffel heißem Olivenöl anschwitzen.
- Die Karotten und die Kartoffeln schälen und mittelfein würfeln. Zu den Zwiebeln und dem Knoblauch in den Topf geben. Das verbliebene Öl hinzufügen und alles kurz anschwitzen. Mit dem Wasser ablöschen.
- Die Lorbeerblätter dazugeben, den Deckel auf den Topf legen und alles so lange schmoren, bis die Kartoffeln und Karotten knapp bissfest gegart sind.
- Die Bohnen und den Rotwein sowie die gehackten Kräuter hinzufügen und alles unter gelegentlichem Rühren nochmals gut 15 Minuten schmoren.
- Die Lorbeerblätter entfernen und das Tomatenmark unterrühren. Die Bohnen drei bis vier weitere Minuten schmoren und herzhaft mit Salz und Pfeffer abschmecken.

- *Die Bohnen zu Reis, Kartoffelpüree oder Nudeln servieren. Zusammen mit einem grünen Salat und knusprigem Baguette ergibt sich jedoch auch eine komplette Mahlzeit.*

Nachspeisen

Desserts

Aprikosendessert mit Karamellmandeln

Abricots aux amandes caramélisées

500 g Fromage blanc (mit mittlerem oder hohem Fettgehalt), ersatzweise Speisequark (20 % oder 40 % Fett)
frisch gepresster Saft einer Zitrone
2 MSP fein abgeriebene Zitronenschale
4 EL Puderzucker
8 große, feste Aprikosen
5 – 6 EL Aprikosensirup oder heller, flüssiger Honig
3 EL Butter
5 EL Roh-Rohrzucker
2 EL Wasser
80 g Mandelstifte

- Den Fromage blanc mit der Hälfte des Zitronensafts, der Zitronenschale und dem Puderzucker verrühren.
- Die Aprikosen halbieren, entsteinen und in dünne Spalten schneiden. Jeweils zwei Aprikosen fächerförmig am Rand eines Desserttellers anordnen.
- Den Aprikosensirup mit dem verbliebenen Zitronensaft verrühren und die Aprikosenspalten damit beträufeln.
- Die Butter in einem kleinen Topf zum Schmelzen bringen und den Zucker einrieseln lassen. Zum Kochen bringen, das Wasser hinzufügen und so lange rühren, bis sich der Zucker vollständig aufgelöst hat und die Masse anfängt, zu karamellisieren.
- Die Mandelstifte dazugeben und gut vermischen, sodass alle Mandelstifte gut mit einer dünnen Karamellschicht überzogen sind.
- Den Fromage blanc auf die Mitte der Teller geben und die Mandelstifte darauf verteilen.

- *Besonders hübsch sieht es aus, wenn Sie die Quarkcremec auf den Tellern noch mit ein paar hauchdünnen Zitronenzesten dekorieren.*

Bretonischer Pflaumen-Eierkuchen

Far breton

500 ml Wasser
2 TL schwarzer Tee
200 g entsteinte Backpflaumen
50 ml Rum, ersatzweise ungesüßter Apfelsaft mit ein paar Tropfen Rumaroma
4 Eier
100 g Roh-Rohrzucker
200 g Dinkelmehl (Type 630)
500 ml Milch
Butter für die Form
4 EL Puderzucker

- Wasser zum Kochen bringen, den Tee aufgießen und fünf Minuten ziehen lassen. Die Backpflaumen in eine Schüssel geben, mit dem Tee begießen und 30 Minuten quellen lassen.
- Die Pflaumen in ein Sieb geben und gut abtropfen lassen. Ohne den Sud zurück in die Schüssel füllen, den Rum hinzufügen, kurz umrühren und alles gut eine Stunde ziehen lassen.
- Die Eier mit dem Zucker schaumig rühren, dann löffelweise das Mehl, danach die Milch hinzufügen, bis ein homogener, fast flüssiger Teig entstanden ist.
- Ein Drittel des Teigs in eine gut gefettete Auflaufform oder eine hohe Tarteform geben und im Backofen bei 200 °C etwa zehn Minuten vorbacken, bis sich der Teig etwas gefestigt hat.
- Die Backpflaumen auf die Teigschicht geben und den Rest des Teigs darübergießen. Bei 180 °C etwa 50 Minuten backen, bis der Teig gestockt und die Oberfläche leicht gebräunt ist. Mit dem Puderzucker bestreuen und heiß oder lauwarm servieren.

Diesen weichen, mit Backpflaumen gefüllten Kuchen kann man heutzutage in der Bretagne in fast jeder Bäckerei kaufen. Früher wurde der Far breton lediglich zu religiösen Festen oder Familienfesten genossen und nur mit Milch, Eiern, Mehl und Butter angerührt. Nach und nach haben sich die Backpflaumen und der Rum in das Rezept eingeschlichen. Vielleicht ist diese Entwicklung auf die wilden, zerklüfteten Küsten der Bretagne zurückzuführen, an denen zahlreiche Schiffe zerschellten und das eine oder andere Fass Rum angespült wurde …

Marinierte Vanille-Erdbeeren

Fraises vanillées à l'huile d'olive

80 – 90 ml sehr mildes Olivenöl
1 Vanilleschote
500 g kleine Erdbeeren
200 g Himbeeren
1 unbehandelte Limette
50 g fein gesiebter Puderzucker
ein paar Blättchen frische Minze

- Das Öl in einen kleinen Topf geben.
- Die Vanilleschote längs aufschlitzen und das Mark auskratzen. Zum Öl in den Topf geben und bei geringer Temperatur etwa drei Minuten erhitzen (nicht kochen!). Beiseite stellen und etwa 15 Minuten ziehen lassen.
- Die Erdbeeren kurz abbrausen, vorsichtig trocken tupfen und von ihren Stielen befreien.
- Die Himbeeren verlesen und mit feuchtem Küchenpapier abtupfen.
- Die Erdbeeren und Himbeeren in eine Schüssel geben.
- Von der Limette die Schale abreiben.
- Den Puderzucker mit der Limettenschale vermischen und zu den Erdbeeren und Himbeeren in die Schüssel geben. Zwei bis drei Spritzer Saft der abgeriebenen Limette hinzufügen und alles vorsichtig vermischen.
- Die Früchte auf vier Desserttellern verteilen und mit dem Vanilleöl beträufeln.
- Mit den Minzblättchen garnieren und servieren.

- *Anstelle der Himbeeren können Sie auch Johannisbeeren verwenden.*

Crêpes mit Erdbeer-Mandel-Füllung

Crêpes aux fraises et aux amandes

Für die Erdbeer-Mandel-Füllung:
100 g Mandeln
500 g Erdbeeren
5 EL flüssiger Honig
3 EL Pastis (Anisschnaps), ersatzweise Anissirup
100 ml Sahne
3 gestrichene TL Johannisbrotkernmehl

Für die Crêpes:
100 g Dinkelmehl (Type 630)
1 MSP feines Meersalz
50 g Puderzucker
1 großes Ei
100 ml Wasser
100 ml Milch
2 TL Orangenblütenextrakt (falls vorhanden)
4 EL Butter
ein paar Blättchen Zitronenmelisse

- Für die **Füllung** die Mandeln mit kochend heißem Wasser überbrühen, ein paar Minuten ruhen lassen, abschrecken und enthäuten. In der trockenen Pfanne kurz anrösten, dann im Mixbehälter der Küchenmaschine sehr fein zerkleinern.
- Die Erdbeeren waschen, putzen und vierteln. Etwa 100 g zur Dekoration beiseite legen.
- Die restlichen Erdbeeren mit dem Honig im Mixbehälter der Küchenmaschine fein pürieren.
- Die Mandeln, den Pastis, die Sahne und das Johannisbrotkernmehl unter die Erdbeermasse ziehen und im Kühlschrank zwei Stunden ruhen lassen.
- Für die **Crêpes** das Dinkelmehl mit dem Salz und Zucker in einer Schüssel vermischen. In der Mitte eine Mulde ausformen und das Ei hineinschlagen. Mit dem Mehl gut vermischen, dann nach und nach zuerst das Wasser und dann die Milch einarbeiten, bis ein homogener, relativ flüssiger Teig entstanden ist.
- Zum Schluss den Orangenblütenextrakt unterrühren und den Teig abgedeckt eine Stunde ruhen lassen. Danach nochmals kurz durchrühren.

- Für jede Crêpe jeweils einen Esslöffel Butter in der Pfanne zerlassen und zügig hintereinander vier dünne Crêpes ausbacken.
- Die heißen Crêpes mit der Erdbeer-Mandel-Mischung füllen, mit den verbliebenen Erdbeeren und ein paar Blättchen Zitronenmelisse dekorieren und sofort servieren.

Kirschauflauf aus dem Limousin

Clafoutis

500 g dunkle Süßkirschen
3 Eier
8 EL Puderzucker (50 – 60 g)
1 MSP feines Meersalz
100 g Dinkelmehl (Type 630)
200 ml Milch
Butter für die Form

- Die Süßkirschen kurz abbrausen, abtropfen lassen und entsteinen.
- Die Eier mit vier Esslöffel Puderzucker und dem Salz schaumig rühren, dann nach und nach das Dinkelmehl und die Milch unterrühren, sodass ein cremig-flüssiger Teig entsteht.
- Die Kirschen in eine gut gefettete Auflaufform geben und den Teig darübergießen. Glatt streichen.
- Im Backofen bei 200 °C etwa 30 Minuten backen, bis die Oberfläche leicht gebräunt ist. Nach dem Backen mit dem restlichen Puderzucker überstäuben und lauwarm oder kalt servieren.

Clafoutis lässt sich auch mit Äpfeln oder mit Äpfeln und Birnen zubereiten:
2 große Äpfel oder 1 großer Apfel und 1 große Birne (insgesamt 500 g)
5 EL Rosinen
3 EL Rum oder Calvados, ersatzweise 3 EL sehr dunkler Waldhonig
3 Eier
80 – 100 g Puderzucker
1 MSP feines Meersalz
125 g Dinkelmehl (Type 630)
250 ml Milch
Butter für die Form
1 TL gemahlener Zimt
4 EL Puderzucker zum Bestäuben

- Die Äpfel schälen, entkernen und in dünne Spalten schneiden.
- Die Rosinen im Rum oder Honig ziehen lassen.
- Die Eier mit dem Puderzucker und dem Salz schaumig rühren, dann nach und nach das Dinkelmehl und zuletzt die Milch unterrühren, sodass ein cremig-flüssiger Teig entsteht.
- Die Äpfel in eine gut gefettete Auflaufform geben, die Rumrosinen darüber verteilen, mit dem Zimt bestäuben und den Teig darübergießen.
- Im Backofen bei 200 °C etwa 30 Minuten backen und mit dem Puderzucker überstäuben.

Gratinierter Obstsalat mit Ziegenfrischkäse-Mousse

Gratins de fruits et mousse de chèvre frais

Für die Ziegenfrischkäse-Mousse:
200 ml Sahne
200 g Ziegenfrischkäse
120 g Puderzucker
frisch gepresster Saft von 2 Zitronen
1 TL fein abgeriebene Zitronenschale
200 ml Milch
2 Päckchen Agar-Agar-Pulver (20 g)

Für den Obstsalat:
4 EL Pinienkerne
2 große Äpfel
2 große Birnen
2 große Bananen
frisch gepresster Saft einer Zitrone
4 EL Puderzucker
1 EL Wasser
2 EL Butter
1 TL gemahlener Zimt
Butter für die Form
4–5 EL Roh-Rohrzucker

- Für die **Mousse** die Sahne steif schlagen.
- Den Ziegenfrischkäse mit dem Puderzucker, dem Zitronensaft und der Zitronenschale verrühren.
- Die Milch in einem kleinen Saucentopf zum Kochen bringen und das Agar-Agar-Pulver einrühren. Zwei Minuten unter ständigem Rühren kochen lassen und dann vom Herd nehmen. Knapp fünf Minuten abkühlen lassen.
- Die Sahne unter die Ziegenfrischkäsemasse ziehen. Die etwas abgekühlte Milch dazugeben.
- Die Mousse mindestens zwei Stunden kühl stellen.
- Für den **Obstsalat** die Pinienkerne in der trockenen Pfanne kurz anrösten, bis sie duften. Beiseite stellen.
- Die Äpfel und Birnen schälen, entkernen und in mundgerechte Würfel schneiden. Die Bananen schälen und in Scheiben schneiden.

- Das Obst in eine Schüssel geben und mit dem Zitronensaft beträufeln.
- Den Puderzucker unter Zugabe des Wassers und der Butter in einer hochwandigen Pfanne zum Karamellisieren bringen. Das Obst hinzugeben und bei hoher Temperatur unter häufigem Rühren kurz braten. Die gerösteten Pinienkerne und den Zimt unterrühren.
- Das Obst in eine gut gefettete Auflaufform geben, mit dem Roh-Rohrzucker bestreuen und im Backofen bei 200 °C Oberhitze oder Grill kurz karamellisieren. Darauf achten, dass der Zucker nur verläuft und braun wird, aber nicht verbrennt!
- Sofort mit der Ziegenfrischkäse-Mousse servieren.

- *Ziegenfrischkäse ist im Gegensatz zu gereiftem Ziegenkäse sehr mild. Falls Sie trotzdem keinen Ziegenkäse verwenden möchten, können Sie diesen durch normalen Frischkäse ersetzen.*

Melonen-Halbgefrorenes mit Pineau des Charentes

Granite de melon au Pineau des Charentes

50 ml Wasser
100 g Roh-Rohrzucker
1 Vanilleschote
2 Zuckermelonen (insgesamt etwa 1 ½ kg, vorzugsweise Charentais-, Cavaillon- oder Cantaloup-Melonen)
100 ml Pineau des Charentes Rosé, ersatzweise sehr süßer Traubensaft oder eine Mischung aus Trauben- und Melonensaft
8 EL (80 ml) Pineau des Charentes (falls erwünscht)
ein paar Blättchen frische Minze

- Das Wasser in einem kleinen Topf erhitzen. Sobald es kocht, den Zucker einrieseln lassen und gut verrühren.
- Die Vanilleschote der Länge nach halbieren, auskratzen und das Mark ebenfalls in den Topf geben. So lange rühren, bis sich der Zucker ganz aufgelöst hat. Vom Herd nehmen und etwas abkühlen lassen.
- Die Melonen halbieren und die Kerne und Fasern entfernen. In Scheiben schneiden, schälen und grob würfeln. Das Fruchtfleisch im Mixbehälter der Küchenmaschine sehr fein pürieren.
- Das Püree in eine frostbeständige Schale geben und den Zuckersirup und den Pineau des Charentes unterrühren.
- Im Eisfach oder in der Tiefkühltruhe gefrieren lassen. Dabei etwa alle 30 Minuten die Masse von den Rändern der Schale mit einer Gabel umrühren. So lange wiederholen, bis das Püree fast gefroren, aber noch nicht ganz fest ist (etwa vier Stunden).
- Kurz vor dem Servieren nochmals umrühren und in vier hohe Dessertgläser füllen.
- Falls erwünscht, jede Portion mit zwei Esslöffel Pineau des Charentes überträufeln. Mit der Minze garnieren und sofort servieren.

Pfirsichsabayon mit Lavendelblüten

Pêches en sabayon et fleurs de lavande

4 große reife Pfirsiche
9 EL Roh-Rohrzucker
1 EL Wasser
4 Eigelb von großen frischen Eiern (oder 6 kleinen)
60 g Puderzucker
1 MSP feines Meersalz
2 EL Pastis (Anisschnaps) oder Anissirup
1 – 2 TL frische Lavendelblüten

- ❒ Die Pfirsiche schälen, entsteinen und in dünne Spalten schneiden.
- ❒ Fünf Esslöffel Roh-Rohrzucker mit dem Wasser in einer Pfanne unter Rühren zum Schmelzen bringen und die Pfirsichspalten darin wenden, bis sie mit dem geschmolzenen Zucker überzogen sind.
- ❒ Die Pfirsichspalten auf vier hitzebeständigen Desserttellern verteilen.
- ❒ Das Eigelb mit dem Puderzucker, dem Salz und Pastis oder Anissirup in einem kleinen Topf verrühren.
- ❒ Den Topf auf den Herd geben und die Eiermasse unter ständigem Rühren bei knapp mittlerer Temperatur so lange erhitzen, bis sie eindickt.
- ❒ Darauf achten, dass die Eiermasse nicht am Topfboden ansetzt!
- ❒ Die Eiercreme auf den Pfirsichspalten verteilen und glatt streichen. Mit den restlichen vier Esslöffel Zucker überstreuen.
- ❒ Das Dessert portionsweise (meist passen zwei Teller gleichzeitig auf einen Backrost oder ein Backblech) in den Backofen geben und den Rohrzucker mit der Grillfunktion oder Oberhitze bei Höchsttemperatur kurz zum Karamellisieren bringen.
- ❒ Das Dessert mit den Lavendelblüten überstreuen und servieren.

- *Mit etwas Vanille- oder Pfirsicheis servieren. Zum Dahinschmelzen! Anstatt das Dessert in vier Portionen aufzuteilen, können Sie die Pfirsichspalten und die Eiercreme auch in eine Tarteform (Ø 28 cm) geben und das Dessert als Ganzes karamellisieren.*

Luftige Schokocreme

Mousse au chocolat noir

200 g Zartbitterschokolade (mindestens 70 % Kakaogehalt)
6 EL Crème fraîche
6 Eiweiß von frischen Eiern
2 MSP feines Meersalz
4 – 6 EL Puderzucker

- ❐ Die Schokolade im Wasserbad schmelzen. Kurz abkühlen lassen und die Crème fraîche unterrühren.
- ❐ Eiweiß mit dem Salz sehr steif schlagen und den Puderzucker unterziehen.
- ❐ Die geschmolzene Schokolade vorsichtig unter den Eischnee mengen.
- ❐ Vor dem Servieren mindestens zwei Stunden im Kühlschrank ruhen lassen.

Schokoladencreme ohne Ei

Mousse au chocolat au tofu

200 g Zartbitterschokolade
250 g Seidentofu
75 g Puderzucker
4–5 EL ungesüßtes Kakaopulver
etwas Milch oder Pflanzendrink
3 EL Rum (nach Belieben)

- Die Schokolade im Wasserbad schmelzen, danach etwas abkühlen lassen.
- Die Flüssigkeit des Seidentofus abgießen.
- Den Tofu mit der geschmolzenen Schokolade im Mixbehälter der Küchenmaschine zu einer feinen Creme verarbeiten.
- Den Puderzucker und das Kakaopulver unterrühren. So viel Milch oder Pflanzendrink hinzufügen, bis die Masse schön cremig ist (hängt von der Konsistenz des Tofus ab).
- Falls gewünscht, den Rum unterrühren.
- Die Mousse in Dessertschalen füllen und noch mindestens zwei Stunden im Kühlschrank ruhen lassen.

Spekulatiuscreme mit Sauerkirschen und Kirschwasser

Crème glacée aux spéculoos et au kirsch

1 Glas entsteinte Sauerkirschen (Abtropfgewicht 350 g)
2 EL Elsässer Kirschwasser (Kirsch Alsacien),
ersatzweise ein paar Tropfen Rumaroma
250 g Spekulatius
250 ml Sahne
75 g Puderzucker
150 g Crème fraîche oder Crème double
1 TL gemahlener Zimt
etwas Raspelschokolade zum Überstreuen

- Die Sauerkirschen gut abtropfen lassen, den Saft anderweitig verwenden.
- Den Boden einer Dessertschüssel mit den Sauerkirschen auslegen und diese mit dem Kirsch beträufeln.
- Die Spekulatius in einen Gefrierbeutel geben, mit einer Klemme verschließen und so lange mit dem Nudelholz bearbeiten, bis die Plätzchen zerkrümelt sind.
- Die Sahne steif schlagen.
- Den Puderzucker mit der Crème fraîche verrühren. Sahne, Zimt und die Spekulatiuskrümel dazugeben und gut vermischen.
- Die Sahnemischung über die Sauerkirschen streichen und über Nacht im Kühlschrank ziehen lassen.
- Kurz vor dem Servieren mit etwas Raspelschokolade bestreuen.

Vanillecreme mit knuspriger Karamellschicht

Crème brulée

Für 4 feuerfeste Portionsförmchen:
250 ml Milch
250 ml Sahne
½ Vanilleschote
4 – 5 Eigelb von frischen Eiern
100 g Puderzucker
8 TL Roh-Rohrzucker

- Die Milch und Sahne vermischen, die Vanilleschote auskratzen und das Mark zur Milch geben. Unter häufigem Rühren zum Kochen bringen.
- In der Zwischenzeit Eigelb mit dem Puderzucker verrühren.
- Sobald die Milch-Sahne-Mischung kocht, nach und nach das Eigelb einrühren. Das Eigelb muss sich vollkommen auflösen.
- Die Vanillecreme in die bereitgestellten Portionsförmchen füllen. Ein tiefes Backblech fingerbreit mit Wasser füllen und die Förmchen vorsichtig in das Wasserbad stellen. Das Backblech in den Backofen geben und die Creme bei 125 °C 40 bis 50 Minuten stocken lassen, bis die Oberfläche leicht fest geworden ist.
- Die Vanillecreme mindestens vier Stunden, am besten jedoch über Nacht, im Kühlschrank gut durchkühlen lassen.
- Vor dem Servieren den Backofen auf 250 °C Oberhitze (oder Grill) vorheizen.
- Auf jede Portion Vanillecreme zwei Teelöffel Roh-Rohrzucker streuen.
- Die Förmchen mit der Vanillecreme auf die oberste Schiene des Backofens geben und den Zucker karamellisieren lassen. Sobald der Zucker verläuft, die Vanillecreme aus dem Ofen nehmen. Sofort servieren.

- *Einfacher geht das Karamellisieren der Zuckerschicht, wenn Sie dazu einen kleinen, mit Gas betriebenen Crème-brulée-Brenner (oder Flambierbrenner) verwenden.*

Die Crème brulée gehört nicht erst seit dem Kinofilm »Die fabelhafte Welt der Amélie« zu den Standarddesserts in Frankreich. Zu Recht, denn kaum eine süße Versuchung liegt verlockender auf der Zunge als die warme Karamellschicht über der gut gekühlten Vanillecreme.

Weiße Schokoladenmousse mit Honigmandeln

Mousse au chocolat blanc et amandes au miel

Für 6 Portionen:
80 g Mandelstifte
2 EL flüssiger Honig
1 – 2 EL Cognac (falls erwünscht)
300 g weiße Schokolade
100 ml Sahne
6 Eiweiß von frischen Eiern
2 MSP feines Meersalz
4 EL Puderzucker

- Mandelstifte in einer trockenen Pfanne kurz anrösten, bis sie duften. Die Pfanne vom Herd nehmen und den Honig und Cognac (nach Belieben) unterrühren.
- Die Schokolade in Stücke brechen und im Wasserbad zum Schmelzen bringen. Danach etwas abkühlen lassen.
- Die Sahne sehr steif schlagen.
- Eiweiß mit dem Salz sehr steif schlagen und den Puderzucker unterziehen.
- Die geschmolzene Schokolade und die steif geschlagene Sahne vorsichtig unter den Eischnee mengen.
- Die Honigmandeln ebenfalls unterziehen.
- Die Mousse vor dem Servieren mindestens zwei Stunden im Kühlschrank ruhen lassen.

- *Sind Sie und Ihre Liebsten ausgesprochene Süßschnäbel? Dann bereiten Sie doch zuerst die weiße Mousse au chocolat und ein, zwei Tage später mit dem übrig gebliebenen Eigelb das Pfirsichsabayon von Seite 175 zu. Rohes Eigelb hält sich in einem verschlossenen Gefäß im Kühlschrank drei bis vier Tage.*

Die Autorin

Schon in der Schule schwärmte Heike Kügler-Anger für Frankreich und die französische Lebensart. Als junge Studentin lernte sie im Frankreichurlaub nicht nur Land und Leute, sondern vor allem die ausgezeichnete französische Küche kennen und schätzen. Diese Passion für unser wunderschönes Nachbarland hat sich auch in mehr als dreißig Jahren nicht abgeschwächt. Noch immer zieht Heike Kügler-Anger mit ihrem Ehemann, dem Hund und Wohnmobil kreuz und quer durch Frankreich, wo sie vielfältige kulinarische Anregungen und Originalrezepte sammelt. Weitere Informationen zur Autorin finden Sie auf ihren Internetseiten: www.hkanger.de und www.traumfaehrten.de

Von Heike Kügler-Anger sind im pala-verlag erschienen:

- Milchfrei und schnell gekocht
- Käse veganese
- Cucina vegana
- Vegetarisches fürs Fest
- Vegan unterwegs
- Frisch aufgegabelt – Nudeln vegan
- Vegetarisches aus der Klosterküche
- Veganes fürs Fest
- Vegan grillen
- Vive la Provence!
- Vegane Brotaufstriche
- Vegane Rohköstlichkeiten aus dem Mixer
- Gelateria vegana
- Veganes Suppenglück

Rezeptindex

Heike Kügler-Anger:
Cucina vegana
ISBN: 978-3-89566-247-8

Heike Kügler-Anger:
Käse veganese
ISBN: 978-3-89566-237-9

Heike Kügler-Anger:
Vegan grillen
ISBN: 978-3-89566-302-4

Heike Kügler-Anger:
Gelateria vegana
ISBN: 978-3-89566-333-8

Heike Kügler-Anger:
Vegetarisches aus der Klosterküche
ISBN: 978-3-89566-286-7

Anja Völkel:
Buchweizen – das Powerkorn
ISBN: 978-3-89566-361-1

Anja Völkel:
Quinoa – Korn der Anden
ISBN: 978-3-89566-350-5

Sigrid Schimetzky:
Köstlich kochen mit Ziegenkäse
ISBN: 978-3-89566-357-4

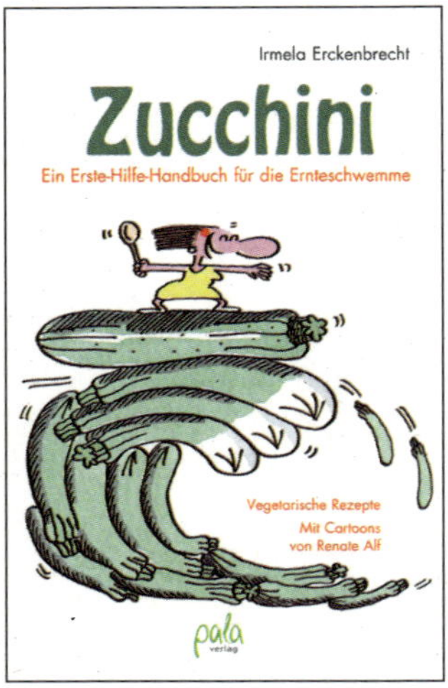

Irmela Erckenbrecht:
Zucchini
ISBN: 978-3-89566-346-8

Heide Hasskerl:
Holunder, Dost und Gänseblümchen ...
ISBN: 978-3-89566-253-9

Irmela Erckenbrecht:
Querbeet
ISBN: 978-3-89566-279-9

Ulla Grall:
Bohnen – vom Garten in die Küche
ISBN: 978-3-89566-298-0

Katrin Eppler:
Vegetarisch kochen – türkisch
ISBN: 978-3-89566-271-3

N. Koch / I. Teitge-Blaha:
Vegetarisch kochen – thailändisch
ISBN: 978-3-89566-255-3

Kerstin Lautenbach-Hsu:
Vegetarisch kochen – chinesisch
ISBN: 978-3-89566-259-1

P. Skibbe / J. Skibbe:
Toscana vegetariana
ISBN: 978-3-89566-278-2

Gesamtverzeichnis bei:
pala-verlag, Rheinstraße 35, 64283 Darmstadt, www.pala-verlag.de

ISBN: 978-3-89566-374-1

Rheinstraße 35, 64283 Darmstadt
www.pala-verlag.de

Bildnachweis:
Fotos Seiten 6, 8, 17, 20, 24, 50, 64 unten, 78, 90, 106, 124, 136 oben, 152, 164: Sabine Eckstein
Fotos Seiten 40, 64 oben, 136 unten, 181: Heike Kügler-Anger
Foto Seite 26: Elena Belyaeva / fotolia
Foto Seite 34: LG / fotolia

Umschlag- und Innenillustrationen: Margret Schneevoigt
Landkarte: Ingrid Keller

Lektorat: Barbara Reis

Druck und Bindung: BELTZ Bad Langensalza GmbH
www.beltz-grafische-betriebe.de
Printed in Germany

Gedruckt auf
100% Recyclingpapier